DER NEUE NORDEN

MATTHIAS HANNEMANN

DER NEUE NORDEN

Die Arktis und der Traum vom Aufbruch

scoventa

Die Karte auf dem Cover zeigt die Gebiete in der Arktis, in denen größere Öl- und Gasvorkommen erwartet werden. Aus der Studie: »Circum-Arctic Resource Appraisal: Estimates of Undiscovered Oil and Gas North of the Arctic Circle«, US Geological Survey, 2008.

Verwendung der Karte mit freundlicher Genehmigung der USGS, Denver, Colorado, USA, www. http://www.usgs.gov/

© SCOVENTA Verlagsgesellschaft mbH 2010
www.scoventa.de

Cover-Gestaltung: Sven Welters und Sven Uftring
Typografie und Satz: ASKU-MEDIA, Bad Nauheim
Gesetzt aus der DTL Elzevir
Druck und Bindung: Druckerei Theiss GmbH, A-9431 St. Stefan i. L.

ISBN 978-3-942073-02-8

INHALTSVERZEICHNIS

Unterwegs nach Nyksund (mit Sitzheizung)

Es ist merkwürdig. Als das Flugzeug nach Kiruna den Polarkreis überquerte, musste ich ausgerechnet an einen Satz denken,
den Leutnant John Dunbar zu Beginn des großen Leinwand-
Westerns »Der mit dem Wolf tanzt« sagt: »Sie wollen den
Westen kennen lernen?«, fragt sein Gegenüber. Dunbar ant-
wortet: »Yes Sir, solange es ihn noch gibt.« Vielleicht ist es so
auch mit dieser Reise. Ich möchte den Norden sehen, solange
es ihn noch gibt und in dem Moment dabei sein, wenn er von
Ingenieuren und Diplomaten erobert und verändert wird.
Kiruna, die nördlichste Stadt Schwedens, liegt jetzt hinter mir.
Narvik auch. Ich bin per Mietwagen unterwegs zu einer Geisterstadt, irgendwo hinter den Felsen der Vesterålen (die Sie
für eine Verlängerung der Lofoten halten werden), dann weiter nordwärts. Und überall treffe ich diese Menschen, die der
Gegenwart trotzen, die nach vorne blicken und etwas schaffen
wollen, mit eingebautem Traumantrieb, gewissermaßen. Sie
hätten den Flughafendirektor sehen sollen, der von der Eroberung des Weltraums sprach. Sie hätten die Energie-Kundschaf-
ter hören sollen, mit denen ich eben telefonierte: berauscht von
der Jagd nach dem Schatz im Nordmeer. Und wussten Sie, dass
Narvik der Hafen nach China ist? Ich auch nicht. Aber das ist
es ja. Sie halten hier alles für denkbar. Sie denken groß. Und
das hat nicht nur mit der Dunkelheit zu tun, mit der Abgeschiedenheit. Diese Aufbruchstimmung hängt vor allem mit
dem Tauwetter und geopolitischen Überlegungen zusammen – mit dem Gas, dem Öl, den Russen. Und mit großem
Power-Point-Kino, Power-Point können sie im Norden alle.

Was geschieht eigentlich, wenn eine ganze Region zu träumen beginnt? Wenn eine Region von der Peripherie zum Zentrum werden möchte? Wenn die Inuit auf Grönland und die Bürgermeister im leeren Nordnorwegen über Nacht zu Global Playern werden?

Sie kennen den Ordner, den ich auf meinem Rechner anlegte, als Russland im Sommer 2007 ein Fähnchen in den Meeresboden unter den Nordpol bohrte. Dieser füllt sich stetig. Eben noch hörte ich von einem Unternehmen, das in Finnland und Nordschweden Uran abbauen möchte – es wirbt mit dem Slogan »fuelling the future« und einer Arktis, die auf der »Political And Economic Risk Map« mit »Low Risk« überschrieben war. Ich stieß auch auf ein Interview aus Russland. In den Jahren zwischen 2030 und 2050, sagte da ein Mitglied der Russischen Akademie der Wissenschaften, werde sich die Energieproduktion der Welt hauptsächlich auf Feldern im Fernen Osten und in der Arktis abspielen. Und ich schnappte eine neue Wettervorhersage für die Zukunft der Arktis auf: »Wärmer, wilder, nasser« werde es hier oben, so der Experte.

Den Ordner habe ich »Der neue Norden« genannt.

Aus einem Brief des Autors an den Verlag

KAFFEE
Iqaluit – 63 Grad Nord – Der Traum vom Jackpot

Zehn Minuten, heißt es. In Iqaluit, einem Ort im vereisten Nordosten Kanadas, den vor Jahren nur Abenteurer und Testpiloten kannten, gibt es nach Feierabend neuerdings zehn Minuten Rush Hour, in denen nichts mehr geht. In diesen zehn Minuten stauen sich die Fahrzeuge vor der einzigen Kreuzung. Über diese zehn Minuten diskutiert der Stadtrat, weil er die Rufe nach einer Ampelanlage nicht länger überhören kann, und die Bürgermeisterin, die im Hauptberuf ein kleines Café namens »Grind & Brew« betreibt, sagt darüber beschwichtigend, das alles sei nun einmal die Folge des erhofften Aufschwungs. Wie sollte es auch anders sein, wenn sich die Bevölkerung eines entlegenen Fleckchens am Polarkreis innerhalb weniger Jahre auf nunmehr siebentausend Einwohner verdoppelt.

Die Journalisten, die es im Frühjahr 2010 nach Iqaluit verschlagen hatte, quittierten das Schauspiel mit einem ungläubigen Lächeln. Sie waren sich darin einig, dass es Iqaluit nur dank seiner Abgeschiedenheit zu einem Konferenzort gebracht hatte, an dem die Finanzminister der sieben großen Industriestaaten unbehelligt reden konnten, und je länger sie die Einwohner beobachteten, je mehr sie im Dunkel der Wintertage von Alkoholismus, Selbstmord und Sozialhilfe hörten, umso unwahrscheinlicher schien es ihnen, dass dieser Frostwinkel in der Baffin Bay eines Tages aufblühen könnte. Der Artikel über »Die täglichen zehn Minuten Verkehrsstau in Iqaluit« jedenfalls, der in einer renommierten Tageszeitung erschien, fiel in der Anlage in die Kategorie »Kurioses aus dem Völkerkundemuseum«.

Irgendetwas freilich musste an dieser Geschichte dran sein. Sonst hätte der Journalist, der für das G7-Treffen nach Iqaluit geflogen war, über die Minister berichtet und nicht über die Kreuzung, und sonst hätte es der Artikel kaum auf die Titelseite des Wirtschaftsteils geschafft, eingekeilt in Berichte über das »Risiko Staatsbankrott«, die »digitale Evolution« und Fertighäuser von Ikea. Eine Erklärung ist die Geschichte hinter der Geschichte: In der Arktis werden gewaltige Rohstoffmengen vermutet, deren Erschließung den Norden ebenso zu einer Schlüsselregion machen könnte wie das Tauwetter, das neue Handelswege eröffnet. Eine andere Erklärung liefert das Foto, das der Journalist in Iqaluit aufnahm und mit dem Titel »Zeichen des Aufbruchs« versah. Es zeigt eine Ortsdurchfahrt, die mit ihren schlichten Häusern zu beiden Seiten, mit den Stromleitungen und Allradwagen wie eine Westernstadt in Schnee und Eis erscheint. Gerade das machte mich stutzig. Denn auch andere Bilder, die sich die Gegenwart vom Norden macht, gleichen deutlich den Bildern, die in Amerika mit den sinnstiftenden Bildern des »Trecks nach Westen« verbunden sind. Sie erzählen fast gleichnishaft von Wildnis und Zivilisation, sie suchen unentwegt nach Pionieren der Technik und Helden der Einsamkeit, und sie erliegen häufig der Vorstellung, in der unberührten Weite der Arktis noch entdecken zu können, was im urbanisierten Europa kaum noch erkennbar ist: den Kern der menschlichen Dinge. Fast wöchentlich gab es in den letzten Wintern Reportagen zu sehen, die diese Inszenierung aufrecht erhielten. Sie trugen Titel wie »Taxi zum Eismeer«,

»Der Obstmann vom Dempster Highway«, »Alaskas Mega-
Maschinen« und »In den Fußstapfen Fridtjof Nansens«, sie
berichteten von den Truckern und Fischern Alaskas ebenso
wie von Ingenieuren im Polarmeer und Wissenschaftlern auf
Spitzbergen, die mit dem Gewehr auf dem Rücken zur Arbeit
gehen. Und oft genug sind irgendwo auch deutsche Auswanderer oder Touristen zu sehen, Auswanderer und Helden auf
Zeit, die in diesen unwirklichen Welten mit Schlittenhunden,
Eisbrechern und Postbooten unterwegs sind, um der Gegenwart noch stärker als den Naturgewalten zu trotzen.

Dieses auffällig starke Interesse an der zivilisatorischen
Grenze im Norden ist nicht nur eine Reaktion auf eine Welt,
die sich in den vergangenen zehn Jahren rapide technologisch
beschleunigte, ohne dass Politik, Wirtschaft und Gesellschaft
hier hätten mithalten können. Hier drückt sich auch die Sehnsucht nach einem Umfeld aus, in dem man noch Pläne schmieden, Spuren hinterlassen, von vorn beginnen kann – die Sehnsucht, einen wirklichen Aufbruch erleben zu dürfen.

Der Norden oder das, was wir für »den Norden« halten, ist
in unseren Köpfen eben schon immer eine Projektionsfläche
gewesen, auf der wir unsere Sehnsüchte und Träume abbilden.
Schon die Geschichte, die Mary Shelley von Victor Franken-
stein und seiner an Einsamkeit leidenden Kreatur erzählte,
lief nicht von ungefähr auf einen Showdown im nordischen
Nichts hinaus – auf ein Schiff, dessen Kapitän eigentlich auf-
gebrochen war, um nahe dem Nordpol neue Seepassagen zu
erschließen, und einen Mann, der im Whiteout des Packeises
vor allem sich selbst zu begegnen fürchtete. Der Norden, das
ferne, karge und unvorstellbare Nichts, diente als gedankliche

Hilfskonstruktion. Überhaupt: die Literatur. Wie sehr sie unsere gedanklichen Begegnungen mit dem Norden vorstrukturiert, zeigt eine Anekdote um den Norweger Fridtjof Nansen. Er war einer jener Polarhelden, die zu Kaisers Zeiten eine Begeisterung auslösten wie später nur die amerikanischen Mondfahrer; seine Bücher zählen bis heute zum Reisegepäck von Abenteurern, Ingenieuren und Touristen. Als dieser Mann 1893 nach Norden aufbrach, soll sich in der Bordbibliothek nicht nur ein Exemplar von Jules Vernes »Abenteuern des Kapitän Hatteras« befunden haben. Sein ganzes Schiff, die legendäre »Fram«, war nach der »Forward« des Kapitäns benannt, der von einem eisfreien Nordpol träumte. Denn auch »Fram« bedeutete »Vorwärts«, und der Weg nach Norden, das war der Weg voran. Dieser Weg war auch immer ein denkwürdiger, von Zweifeln und Wahnvorstellungen begleiteter. Denkt man bloß an das Schicksal der »Forward«, die von der Besatzung in Stücke geschlagen und verfeuert wurde, um zu überleben. Oder an Hatteras, ihren Kapitän. »Meine Freunde«, rief der noch im Nervensanatorium. »Ihr seht, unser Heil liegt im Norden, immer im Norden! – Wir werden gerettet sein!« Nansen war sich seiner Sache trotzdem sicher. Auf den ersten Seiten seines Bestsellers »In Nacht und Eis« hinterließ er den Ratschlag: »[…] und willst Du den menschlichen Geist in seinem edelsten Kampfe gegen Aberglauben und Finsternis sehen, so lies die Geschichte der arktischen Reisen«.

Und so blieb es. Denn genau diese Lesarten des Nordens haben bis heute gehalten, ob man sich dessen bewusst ist oder nicht, sie haben sogar die Zeit des Nationalsozialismus überdauert, in der der Norden als Projektionsfläche einer rassistischen Ideologie herhalten musste, und sie prägen auf eine spezifische Art und Weise selbst noch den suchenden Blick, mit dem wir in Nordeuropa regelmäßig Pioniere des »social engeneering« ausmachen wollen, des Wohlfahrtsstaates. Selbst die Geschichten vom europäischen Norden, von dem dieses Buch handelt (und dabei das zu Dänemark zählende Grönland miteinschließt), können vor diesem Hintergrund schnell zu Frontier-Geschichten geraten, obwohl seine Kleinstädte eher mit mitteleuropäischen Gemeinden als mit trotzigen Siedlungen wie Iqaluit zu vergleichen sind. Das heißt nicht, dass der Norden für Europa eine Bedeutung besäße wie der Westen in den Vereinigten Staaten. Über die Bedeutung des dortigen Frontiergedankens schrieb der amerikanische Historiker Frederick Jackson Turner: »This nation was formed under pioneer ideals.« Die Sehnsucht nach dem Aufbruch aber – die Sehnsucht, wieder Pionier- und Frontiergeschichten erzählen zu können – ist vorhanden, bei den Ingenieuren und Geologen ebenso wie bei der Politik. Sie treibt letztlich selbst jene, die als Touristen in der letzten Wildnis Europas unterwegs sind und bloß die Naturschönheiten zu suchen glauben. Ohne es zu bemerken, folgt Europa auf einmal dem Motto Alaskas: »North to the future.«

Das gilt besonders unter den Bedingungen des globalen Tauwetters. Denn auch der Klimawandel ist ein Grund für das verstärkte Interesse am Norden, mit dem das Aufleuchten der alten, noch von der Gedankenwelt der Romantik ausgeformten Kopfbilder und Träume einhergeht. Allerdings anders, als man denken könnte. Die Herausforderungen, die der Klimawandel für den Norden der Welt bedeutet, sind groß: In Alaska stiegen die Durchschnittstemperaturen in den vergangenen fünfzig Jahren um sechs Grad an, Nordnorwegen erlebte das wärmste Jahrzehnt seit Beginn der Wetteraufzeichnungen, überall taut der Permafrostboden so stark auf, dass Wissenschaftler der freigesetzten Gase wegen vor einer »Zeitbombe« warnen. Und wer kleine Meldungen liest, liest hinter den Sturmwarnungen der Wissenschaft von Häusern, unter denen der Boden bröckelt, von Rentierherden, die ins Eis der Seen einbrechen, von Museumsgebäuden, deren Holz überraschend verrottet, und dem zunehmenden Frust der Eisangler. In der allgemeinen Wahrnehmung aber geht es nicht um diese Details, sondern um reine Emotionen. Hochglanzaufnahmen von tropfendem Schmelzwasser, von krachenden Eisbergen, nachdenklichen Inuit und verzweifelten Eisbärfamilien fernab ihrer Scholle – im Norden fand die Medienmaschinerie schlichtweg Motive und Metaphern, die jedem Kind die Auswirkungen des Klimawandels verdeutlichen sollten, und über sie wurde der Norden zum Frühwarnsystem stilisiert.

Das hatte weitreichende Folgen. Die mediale Stilisierung kurbelte einen Kreuzfahrt-Tourismus in der Arktis an, der vor einigen Jahren noch für unvorstellbar gehalten worden wäre. Sie sorgte dafür, dass sich Politiker wie die deutsche Kanzlerin Angela Merkel, Edelpromis wie die drei nordischen Thronfolger und Rockbands wie *Sigur Ros* oder die *White Stripes* vor einer weltfernen Kulisse fotografieren ließen. Und vor allem wurden die von ihr geschaffenen Bilder von der ganz großen, von nüchternen wirtschaftlichen und militärischen Interessen befeuerten Geopolitik geentert. Von Russland war, was den Norden betraf, kaum noch die Rede gewesen, seit die Überreste der sowjetischen Nordmeerflotte im Hafenwasser von Murmansk wie Gespenster aus dunklen Zeiten vor sich hinrosteten. Im Sommer 2007, als U-Boote zum Nordpol tauchten, um dort russische Fähnchen in den Meeresboden zu rammen, änderte sich das schlagartig: Russland war zurück. Russland platzte mitten in die Eisbär-Meditationen des Westens hinein. Und schon war über Nacht vom Norden, von den Nordmeeren ebenso wie seinen Küsten, wieder als Wirtschaftsraum mit Potenzial die Rede, von einem »Arktischen Monopoly«, einem neuerlichen Big Game um die Ressourcen unter dem Eis. Ein bewaffneter Konflikt zwischen Russland und den Arktis-Anrainern Kanada, Dänemark, Norwegen und den Vereinigten Staaten schien nur eine Frage der Zeit zu sein. Boote brachen auf, um den Norden neu zu vermessen. Ingenieure brachen auf, um ihn neu zu erschließen. Militärs brachen auf, um sich für Kampfeinsätze im Norden vorzubereiten. Und der »Barents Observer« schrieb, nachdem es zwei deutsche Frachtschiffe im Herbst 2009 durch die eisige Nord-Ost-Passage geschafft hatten: »Welcome to the new Arctic.« Er schrieb es nicht ohne nachdenklichen Unterton.

Viele dieser Aktivitäten hängen mit dem Blick auf Karten zusammen, die von einer Behörde namens *United States Geological Survey* stammen. Auf den Karten verzeichneten Wissenschaftler des »Circum-Arctic Resource Appraisal Assessment Teams« vor einigen Jahren diejenigen Gebiete nördlich des Polarkreises, oberhalb etwa 66 Grad nördlicher Breite also, in denen sie noch unerschlossene Gas- und Ölreichtümer vermuteten. Die Gebiete, die auf den Karten weiß blieben, weil sie kaum Potenzial zu besitzen schienen, waren vergleichsweise klein. Die marimekkohaft gemusterten, an eine schlichte Farbskala angelehnten Areale hingegen waren so groß, dass sie den Arktisanrainern früher oder später den Kopf verdrehen mussten: »The sum of the mean estimates for each province indicates«, hieß es etwa im *Fact Sheet* 2008, »that 90 billion barrels of oil, 1,669 trillion cubic feet of natural gas, and 44 billion barrels of natural gas liquids may remain to be found in the Arctic, of which approximately 84 percent is expected to occur in offshore areas.« Diese Karten waren moderne Schatzkarten, sie berauschten eine ganze Region im Norden der Welt, und sie ließen selbst jene Staaten aufhorchen, die tausende Kilometer von der Arktis entfernt lagen. »Bei der Arktis-Frage«, teilte mir im Zuge der Recherchen ein Sprecher des Auswärtigen Amtes mit, »geht es um eine der großen strategischen Herausforderungen des 21. Jahrhunderts. […] Seriöse Forschungseinrichtungen vermuten, dass in der Arktis etwa 90 Milliarden Barrel Erdöl und 50 Billionen Kubikmeter Erdgas liegen. Dies wären etwas über 20 % der weltweiten Reserven und würde etwa einem Zwölftel der weltweiten Ölreserven und einem Viertel der Erdgasreserven entsprechen.« Womit die Zahlen des *Fact Sheets* noch einmal übersetzt wären.

Der Traum, im Norden neue Rohstoffe erschließen zu können, ist allerdings nicht neu. Die Rohstoffe scheinen nur jetzt, da die See zugänglicher, das Eis kleiner und die andernorts verfügbare Rohstoffmenge immer übersichtlicher wird, zum Greifen nahe, und zwar trotz aller Bedenken, die Erschließung könne mit unabsehbaren Konsequenzen für das Ökosystem der Arktis verbunden sein. »Es hat sehr vil grosser von mancherley Metall und reiche Bergwerck in mitnächtigen Landen.

Es sein ihr vil, dann man findet schier in alen Thälern und Bergen. Sie sein groß, dann sie sein unerschöpfflich [...] So sein sie von mancherley Metall, dann geben Silber, Kupffer, Ertz, Stahel und auß der Maßen gut Eisen.« Das schrieb im 16. Jahrhundert der letzte katholische Erzbischof von Uppsala, Olaus Magnus, nachdem er den Norden bereist, kartiert und beschrieben hatte. Und siehe da: Schon damals war es eine Zeit des Umbruchs, in der solche Nachrichten überhaupt erst in größerem Stile Verbreitung finden konnten, und schon damals war der Hinweis auf die Ressourcen im Norden immer auch Teil eines politischen Kalküls. Dem Katholiken Magnus, betonten die Herausgeber des Bandes »Wunder des Nordens«, ging es während der Reformation darum, »einem europäischen Publikum vor Augen zu führen, wie bedeutend und in vieler Hinsicht wertvoll die Länder des Nordens sind.« Um seine eigene Sache zu retten.

Aus ähnlichen Gründen gelangte in der Orientierungs- und Umbruchphase nach dem Zweiten Weltkrieg auch August Hoppes Buch »Nördliche Utopia« in die Buchläden. Seine Kenntnis des Nordens mochte auf einen »drei Jahre dauernden Aufenthalt im nördlichen Norwegen« zurückgehen, über den sich der Autor in diesen Nachkriegsjahren ausschwieg. Aber das machte nichts. Denn Hoppe entzauberte die althergebrachte Redewendung, »dass das nördliche Norwegen keine Landschaft, sondern ein Problem ist«. Die nordnorwegische Küste, die ja das nördliche, von der eisigen Ostsee verbundene Schweden und Finnland in einem zerklüfteten Bogen überspannt, schließe eine Region ab, die »mehr sein kann als es ist«. Ja, der Norden Skandinaviens könne »volkswirtschaftliche, ja

weltwirtschaftliche Bedeutung« gewinnen, so wie es in Nordamerika einst Alaska vermochte. Natürlich wusste auch Hoppe,
als er von »112.182 Quadratkilometern Zukunft« schwärmte:
»Nordnorwegen ist nicht Alaska, der Altafluß ist kein Yukon-
river. Ein Klondyke wird sich nicht in der lappischen Moos-
tundra wiederholen.« Der Norden aber hatte Potenzial. »Er
birgt die Möglichkeiten, ein Land zu werden, das eine große
Entwicklung vor sich hat. [...] Alles ist noch der Zukunft über-
lassen. Das ist die große Chance, die diesem Land gegeben
ist.« Und es gab andere, die das ebenso sahen. Etwa zur gleichen Zeit erschienen auch die Bücher »Zum Dach Europas«
und »Arktis. Erdteil der Zukunft« von Vitalis Pantenburg,
der vor dem Krieg noch »Russlands Griff um Nordeuropa«
befürchtet hatte und sich nun Gedanken um das »koloniale
Nordland« machte, zudem Ernst Hermanns »Das Nordpolarmeer. Das Mittelmeer von morgen«. Diese Bücher waren nicht
als zynisches Postscriptum auf die Besatzungszeit in Norwegen gedacht, die mit der vollständigen Niederbrennung der
Nordprovinzen im Winter 1944/45 geendet hatte. Sie waren
auf ihre Art ein Echo dieser Jahre – und Ausdruck des sich
nun entfaltenden Kalten Krieges. Der Norden Skandinaviens,
Europas Nordflanke, sollte im Zuge der Ost-West-Konfronta-
tion nicht zum sicherheitspolitischen Vakuum werden.

Für den Norden selbst waren diese strategischen Überlegungen gleichermaßen gut wie frustrierend. Sie waren gut,
weil die Peripherie unter den Vorzeichen des Kalten Krieges
tatsächlich nicht aufgegeben wurde, weil mit der militärischen
Bedeutung des Nordens auch einige Arbeitsplätze im Norden
verbunden waren. Sie waren aber schlecht, was den erhofften

großen Aufbruch betraf. Denn mit einem Sowjetrussland als Nachbar, das in allen Hauptstädten der westlichen Welt als Bedrohung aufgefasst wurde, war eine wirkliche Modernisierung der kargen Gebiete nicht wirklich vorstellbar, und zwar auch dann nicht, als auf einmal wieder verstärkt von Rohstoffen die Rede war. »Um Verwicklungen mit der Sowjetunion auszuweichen«, schrieb Claus Gennrich 1979 im Merian-Heft »Norwegens Norden«, »hat Norwegen die Erschließung der Öl- und Gasquellen vor Nordnorwegen in die Zukunft verschoben. Es liegen aber Anhaltspunkte dafür vor, dass dort reichere Schätze winken als im norwegischen Teil der Nordsee […] Die Sowjetunion indessen sondiert schon bei multinationalen Gesellschaften nach Möglichkeiten, den Eismeerboden technisch zu erschließen.« Nach Ende des Kalten Krieges, als Europa auf einmal den Norden auf seiner Wetterkarte entdeckte, wurde umso stärker der Blick wieder nach Norden gerichtet – auf die »Barentsregion«, deren Modernisierung und Vernetzung vor allem die norwegische Außenpolitik vorantrieb. »The further north you go«, sagten nun russische Außenminister, die Kirkenes besuchten, »the better East-West relations«. Daran glaubten sie im Norden, allen gelegentlichen Muskelspielen Russlands mit seinen U-Booten und Jagdflugzeugen zum Trotz. Sie erinnerten sich an die Zeiten des russisch-norwegischen Pomorhandels, des grenzüberschreitenden Küstenhandels, der Mitte des 18. Jahrhunderts begonnen und mit der Oktoberrevolution geendet hatte. Sie sprachen so selbstverständlich von der Vereinbarkeit von Aufbruch und friedlicher Kooperation wie andere, die Unternehmen der Energie-Industrie vor allem, von der Vereinbarkeit von Natur und Technik. Und die regionalen Entwicklungsgesellschaften, die jetzt nördlich des Polarkreises gegründet wurden, um die Modernisierung voranzutreiben, gaben sich Namen wie Progressum und Futurum. Das Schlagwort von der »Zukunftsregion Barents« machte die Rede, als könne sich der Norden am bundesdeutschen Ortsverschönerungsprogramm »Unser Dorf hat Zukunft« beteiligen. Die Russen. Das Gas. Das Öl. Der Fisch. Nein, sagte man, diese Chance zum Aufbruch will man nicht vorüberziehen lassen, im schwedischen Kiruna, wo sie nach den Sternen greifen, ebenso wenig wie im Hafen von Narvik, der vom großen Umschlag träumt, in Harstad auf den Lofoten, wo sie auf das Öl warten, ebenso wenig wie in der neuen Fabrik in Hammerfest, die das Gas aus dem Nordmeer bereits abzapft und verschiffbar macht. Erst recht nicht in Grönland, das nach Jahrzehnten, in denen man sich in dänische Plattenbauten zurückzog, von einer nationalistischen Hochstimmung ergriffen worden ist. Jemand hat gefragt, ob diese Projekte nicht vor allem eines sind: eine Überlebenstechnik. Das ist gut möglich.

Der Norden des Nordens jedenfalls begreift das Ende des Kalten Krieges und das neue Interesse am Norden als historische Chance, alte Träume zu verwirklichen und die eigene Modernisierung voranzutreiben. Diese Haltung gilt allerdings auch für die großen Energie- und Grubenunternehmen, die eine geschickte Lobby- und PR-Arbeit treiben, teils so hinterhältig, wie es Andri Snær Magnason in seinem Dokumentarfilm »Dreamland« (2009) über die Aluminiumproduktion auf Island beobachtete, teils mit der ehrlichen Absicht, bei der

Ausbeutung der Natur in der Arktis nicht die Fehler zu wiederholen, wie sie bei der hemmungslos zynischen Rohstoffjagd in Dritte-Welt-Ländern gemacht wurden. Schließlich geht es um Arbeitsplätze, auch langfristig gesehen. Diese Arbeitsplätze bietet auch der Tourismus, der mit den Investoren und Ingenieuren nordwärts zieht: Bis zum eigentlichen Nordpol mag es noch eine Strecke hin sein. Doch was macht das schon hier in der Peripherie, in den dünn besiedelten Streifen einer kargen und erhabenen Landschaft, in denen der Wechsel von Ort zu Ort auch im 21. Jahrhundert noch von leeren Überlandbussen, vom Fahrplan der Schnellfähren und der Gunst der Fluggesellschaften abhängt. Ein Schritt reicht aus, um den Segnungen der Moderne mit ihren beheizten Wohnsiedlungen, grauen Fabriken und zweckmäßigen Verwaltungsgebäuden den Rücken zu kehren, ein Schritt zur Seite, und schon bewegt man sich in einer unendlichen Leere – in einem Traumland, in dem sich die Gäste fast augenblicklich als Entdeckungsreisende fühlen können, als Pioniere, als erste Menschen in einer vermeintlich unerschlossenen Landschaft. Hier finden sie, was es im Zeitalter von Internet, Mobiltelefon und Börsen-Orientierung nicht mehr gibt: Zeit zum Nachdenken.

Dieser Norden ist anders als der Norden, dessen Motive sich aus Kindheitserinnerungen, Möbelhausprospekten und Skåne-Krimis speisen. Er ist anders als die skandinavischen Hauptstädte mit ihren aufgeräumten Cafés, ihren Zimtschnecken, Popsternchen und modischen Schönen, anders als die Schärenküste mit ihrem Sommerduft oder die lichten Sandstrände Dänemarks. Dieser Norden ist nicht lieblich. Er ist karg. Er ist unwirtlich. Er zieht, da muss man sich nur einmal

in die Bilder versenken, die Magnum-Fotograf Gueorgui
Pinkhassov 2006 in seinem preisgekrönten Band »Nordmeer« versammelte, seine ganze Atmosphäre von der Stille
und dem Licht, das nördlich des Polarkreises im Sommer
nicht schwinden und im Winter nicht aufschimmern mag,
und besonders in der dunklen Jahreshälfte, wenn Eisregen und
Wind und Schnee die Landschaft überziehen, scheinen sich
hilflose Entfernungsangaben wie die zweitausend Kilometer,
die zwischen Nordkap und Oslo liegen (tausend davon sind
es alleine bis zum Polarkreis, das entspricht in etwa der Entfernung zwischen Paris und Berlin, Flensburg und Salzburg
oder München und Rom), noch einmal zu verdoppeln oder
gar zu verzehnfachen. Fischer und Möwen, die im Dunkel des
Vormittages kaum erkennbar sind, galoppierende Pferde im
Schnee, die nachts nur von einem Autoscheinwerfer beleuchtet
werden, schwarze Häuser vor dunklem Horizont – das sind
die Motive Pinkhassovs. Er hat nicht von ungefähr bei einigen
von ihnen an das »Wer im Dunkeln sitzt, zündet sich einen
Traum an« von Nelly Sachs gedacht. Dieser Norden ist kein
Sommerland. Da können sich in den Hochglanzbroschüren
der Tourismusveranstalter noch so sehr die Fischerhütten auf
den Lofoten und der weite Himmel der Mitternachtssonne
im Nordmeer spiegeln.

Womit wir bei den stillen Reisen wären, die diesem Buch
zugrundeliegen. Bei dem Versuch, die Umbrüche in Grönland, Nordschweden, Nordnorwegen und Finnland in einer
Momentaufnahme festzuhalten. Bei Geschichten, die von der
Hoffnung auf einen Aufbruch im Großen wie Kleinen berich-
ten. Und bei den Spannungen, die diese Region im Wartesaal

der Geschichte auszuhalten hat: Was steht auf dem Spiel, wenn sich der Norden verändert – wenn er sich verändern soll?

Auch Iqaluit, der rasant wachsende Ort zwischen Kanada und Grönland, der früher unter dem Namen »Frobisher Bay« bekannt war, muss sich dieser Frage stellen. Sicher geht das Wachstum hier zunächst auf eine politische Entscheidung zurück, mit der Iqaluit vor einigen Jahren zum Verwaltungssitz der Region Nunavut wurde; man könnte also meinen, die Entwicklung habe mehr mit neuen Verwaltungsstrukturen und neuem Respekt für die Inuit als mit dem Klimawandel und dem Rohstoffreichtum des Nordens zu tun. Schon diese Entscheidung aber war mit Blick auf die veränderten geopolitischen Rahmenbedingungen verbunden – mit dem Gefühl, eine einmalige historische Chance auf Wachstum und Wohlstand zu erhalten. Wie tief dieses Gefühl bereits vorhanden ist, wurde in Iqaluit im Zuge der Diskussion um die Ampel deutlich, die den neuen Rush-Hour-Verkehr unter Kontrolle bringen soll. Kurz nachdem sich Sachverständige für die Ampel ausgesprochen hatten, empörte sich eine Frau in der Leserbriefspalte einer Lokalzeitung: »Come on, get real and smell the coffee. Don't start treating or making Iqaluit like the south as you people are always complaining that they don't want the Inuit land to be like the south, so put a stop to this and look at other urgent things needed.« Kommt mal wieder runter, macht aus Iqaluit bloß nicht den Süden! »I'm sure«, hielt ihr aber ein anderer Leser entgegen, »those in New York City must have had this debate a million years ago, we're growing, the number of vehicles are growing, something has to give as it is a dangerous corner for any pedestrian or driver.« Und ein dritter drohte

23

der Widerständlerin gar mit den Worten: »You or anyone will not stop Iqaluit from growing.«

Der Aufbruch kommt, sagen sie im Norden. Vielleicht kommt er nicht heute. Vielleicht kommt er nicht morgen. Vielleicht kommt er ganz anders als gedacht. Aber er kommt.

IMAQA
Maarmorilik – 71 Grad Nord – Die Schatzinsel

Es war unmöglich, bei diesem Sturm an einen Landgang zu denken. Die Eisberge, die vom Wind über dunkle Wellen getrieben wurden, schoben sich vor der Siedlung ineinander, die Anlegestellen und Holzhäuser schienen ganz hinter ihnen zu verschwinden. Und so sehr Timotheus, unser grönländischer Steuermann, auch die Augen zusammenkniff: Der Walfängerort Uummanaq blieb fern, noch unerreichbarer als ohnehin schon. Timotheus überlegte. Er besprach sich mit den anderen auf dem Schiff, von denen nicht zu sagen war, ob sie aus Grönland kamen oder von den Philippinen. Dann steuerte er mit Kurs Nordost an Felsen und Eisbergen vorbei, bis ein schützender Fjord gefunden war: 71° 07' N, 51° 14' W. Ich hätte nie gedacht, dass dieser Fjord, sechshundertfünfzig Kilometer nördlich des Polarkreises gelegen, noch einmal Schlagzeilen machen würde. Erst recht hätte ich keine Fackelzüge in den grönländischen Gemeinden erwartet, die von den Gedanken an Plätze wie diesen angetrieben wurden. Maarmorilik, eine aufgegebene Zinkgrube im Nordwesten Grönlands, erschien mir wie eine düstere Ersatzattraktion für ausländische Gäste, die es eher zufällig mit Booten und Fotoapparaten hierher verschlug. Kurz nach der Rückkehr aber wurde alles anders. Auf einmal kamen aus Grönland sensationelle Nachrichten: Die Grönländer, politisch und vor allem wirtschaftlich an Dänemark gebunden, sprachen sich in einer Volksabstimmung für mehr Unabhängigkeit von Kopenhagen aus. Und in Maarmorilik, in einer Mine, die dunkler Strukturen im Gestein wegen nur »Black Angel« genannt wird, wurde wieder so fieberhaft gearbeitet, als könne man vor dem großen Schmelzen kaum rechtzeitig die Maschinen in Position bringen. Und nicht nur dort bereiteten Arbeiter den Produktionsbeginn vor – im Zeichen des Klimawandels wurde überall entlang der grönländischen Küste das Land wieder nach Bodenschätzen abgesucht. Diese Nachrichten gehörten zusammen. Sowohl die Parolen der 56.000 Grönländer wie das Rotorengebrüll der Hubschrauber, die im Auftrag ausländischer Konzerne den Rand des Inlandeises entlang flogen, entsprangen ein und demselben Traum: dem Traum vom großen Jackpot unter dem Eis.

Dieser Traum hatte etwas Merkwürdiges. Gerade in Grönlands Nordwesten, in den Fjorden hinter Uummanaq, drohte er schon einmal zu einem Albtraum zu werden: Als unser Schiff den Fjord durchquerte, vereinzelten Eisschollen vorsichtig ausweichend, erzählte ein Ortskundiger noch von den Schwermetallen, die durch den Grubenbetrieb der Jahre 1973 bis 1990 ins Wasser geschwemmt worden waren, und noch die Wissenschaftler an Bord des deutschen Forschungsbootes »Maria S. Merian«, die vor einigen Jahren in den Gewässern forschten, waren über die Wasserqualität bestürzt. Die frühere Betreiberfirma soll die Abwässer der Erzmühle in die angrenzenden Fjorde geleitet haben. Mit fatalen Folgen für den Fischfang, der im Alltag der Inuit bis heute eine so zentrale Rolle spielt. Was danach von einer Anlage übrig blieb, in der einst etliche hundert Mitarbeiter hausten, die bei schlechtem Winterwetter völlig von der Außenwelt abgeschnitten waren und die Zeit bis zur Ankunft der Versorgungsschiffe bei Tee- und Kaffeeresten zu überbrücken versuchten, taugte seit Ende der Minentätigkeit einzig als drastisches Öko-Mahnmal: eine Handvoll verwaister Baracken, aus denen nicht einmal alle Aktenordner herausgebracht worden waren, ein rostiger Laster, für den es keine Straßen gibt. Zersplittertes Fensterglas, Staub, Ruinen, Beton.

Trotzdem ließ Timotheus die Zodiaks aufs Wasser, um die Gäste für einige Minuten an Land zu bringen. Sie schauten sich ratlos an. Sie drehten zwei Schleifen um einen pittoresken Eisberg, der in den Fjord abgetrieben war, und freuten sich, in den Bergen auf der anderen Seite des Wassers die Stelle auszumachen, von der Alfred Wegener 1930 auf Nimmerwiedersehen ins Inlandeis verschwunden war, an der Ernst Udet 1932 mit Leni Riefenstahl »SOS Eisberg« drehte, die stramm nationale Geschichte um eine Suchaktion im Eis. Maarmorilik aber, benannt nach der anfänglichen Nutzung als Marmorgrube, wollte man kaum sehen. Maarmorilik war ein trauriger, von gescheiterten Hoffnungen zeugender Ort.

Erst das Rotorengebrüll eines Helikopters machte mich stutzig. Er tauchte einfach über den Felsen auf wie aus dem Nichts, ein knallroter Helikopter, der eine Schleife über dem Fjord drehte, Staub aufwirbelte und auf der Betonfläche neben den Ruinen zur Landung ansetzte. Ich rannte auf die Pilotenkabine zu, den Körper ganz nach unten geduckt, so wie es mir die Helden amerikanischer Vorabendserien beigebracht hatten. Und der Pilot reagierte. Er stoppte den Lärm und öffnete die Tür: ein Abenteurer mit Sonnenbrille, Helm und Dreitagebart. Er habe von einer ausländischen Firma den Auftrag erhalten, demnächst Wissenschaftler auf die Felsen über der Geisterstadt zu bringen, erklärte er mir. Sie würden sich von oben zum Eingang in sechshundert Metern Höhe abseilen, zu neuen Probebohrungen in die Schächte vorwagen und an der Rekonstruktion der Seilbahn arbeiten, über die bis 1990 rund 12 Millionen Tonnen Erz hinunter zum Fjord geschickt worden waren. Kilometertief sollen diese Schächte sein. Abgeschlossen von einer Betonwand. »Und hinter der«, sagte er, »beginnt das Eis«.

Das war der Tag, an dem ich den Norden des Nordens mit anderen Augen zu sehen begann, ohne es zu bemerken. Zwar ging ich, noch während der Hubschrauber wieder startete, zu der Stelle zurück, an der die Reste alter Bohrproben herumlagen; die winzige Steinstange, die ich damals in ein Taschentuch wickelte, verstaubt heute in einem Regal. Verstanden aber, was der Helikopter in Maarmorilik zu suchen hatte, hatte ich nicht. Erst im Nachhinein erkannte ich, dass ich Zeuge eines Aufbruchs geworden war: Das Abenteuer »Schwarzer Engel« schien wieder lukrativ zu werden. Die Rohstoffe weltweit waren knapp, die Rohstoffpreise stiegen. Das Inlandeis zog sich zurück, die Erschließungstechniken wurden besser. Und den Rest besorgten gleichermaßen der Frontiergeist der Unternehmer wie die Euphorie im Städtchen Uummaanaq, die sich gegenseitig anschoben, allen vergangenen Erfahrungen zum Trotz. Spätestens im Mai 2008, als Nick Hall, der Geschäftsführer eines nach den wortkargen Edelleuten »Angus« und »Ross« aus Macbeth benannten Unternehmens, auf umständlichen Wegen nach Uummanaq gelangte, um Lizenzverträge für die nächsten dreißig Jahre zu unterzeichnen, soll ihn der Bürgermeister mit offenen Armen begrüßt haben. »Wir wollen auch mit lokalen Kräften arbeiten«, sagte ihm Hall, »und indirekt, alleine durch die Anwesenheit unserer Arbeiter im Ort, wird Uummanaq wieder profitieren.« So sagte er es noch, als ich ihn im November 2008, am Tag nach dem grönländischen Selbstverwaltungs-Referendum anrief, von dem der neue Herr über den »Schwarzen Engel« freilich erst durch eben diesen Anruf erfuhr.

Von den 1263 Stimmzetteln, die in Uummanaq und den umliegenden sieben Ortschaften abgegeben wurden, votierten im Zuge dieses Referendums 88 Prozent für eine Abnabelung Grönlands von Dänemark. 76 Prozent waren es grönlandweit. Das Gefühl, von der globalen Erwärmung in eine goldgrüne Zukunft gespült zu werden, schien hier noch allgegenwärtiger als andernorts zu sein. Die Nationalisten hatten mit dem Hinweis auf unerschlossene Reichtümer unter dem Eis geworben. Und mit Bildern von Barack Obama, an dessen Ruf nach »Wandel« sich jeder einzelne PR-Stratege auf dem Globus anzuhängen versuchte: »Die Zukunft gehört wieder uns, befreit von Angst und Pessimismus und Sorgen.« Das klang gut. Das klang nach einem großen Wurf. Ausfällige Bemerkungen gegenüber Dänemark, dem Land, das Grönland seit dem 18. Jahrhundert an sich gebunden und im zwanzigsten Jahrhundert mit Plattenbauten versorgt hatte, verkniff man sich da lieber. Vorerst konnte es nur um eine Erweiterung des Selbstverwaltungsgesetzes von 1979 gehen, um von den Rohstoffen wirklich profitieren zu können, die sich unter dem Fels und Eis befinden. Die vollständige Abnabelung von Kopenhagen war über Nacht nicht zu realisieren. Schon mit Blick auf die Landesverteidigung und die dänischen Populisten nicht, die Grönlands Rohstoffe ebenfalls im Blick haben. Zum

Zeitpunkt des Referendums machten dänische Subventionen etwa dreißig Prozent des grönländischen Bruttoinlandsproduktes aus. Sie sollen künftig in dem Maße gedrosselt werden, in dem die Einnahmen aus den Rohstoffgeschäften wachsen.

Und trotzdem, obwohl es in der Öffentlichkeit keine nennenswerte antidänische Welle und in der Politik offenherzige Verhandlungen mit Kopenhagen gab, wurde die Volksbefragung im Stillen auch als Kulturkampf begriffen. Nach Jahrhunderten dänischer Kolonialherrschaft und fünfzig Jahren amerikanischer Militärpräsenz (Washington unterhält im hohen Norden weiterhin die Thule Airbase, vor der amerikanische Flugzeuge einst vier Wasserstoffbomben verloren) fiel es den Nationalisten leicht, althergebrachte Opferklischees zu mobilisieren. Das Ja für mehr Unabhängigkeit war nicht von ungefähr mit einem Nein zur dänischen Sprache verknüpft. Die Abstimmung wurde außerdem als Fortsetzung jenes Referendums begriffen, das 1985 zum Ausstieg Grönlands aus der Europäischen Gemeinschaft führte; die EU besitzt nun einmal große Fischereiflotten und wenig Sinn für Robbenfelle.

Den eigentlichen Kulturkampf freilich, eine regelrechte Eskimo-Rolle, muss Grönland erst noch führen, und zwar in seinem Innersten: Dem Aufbruch könnte genau die eigene Kultur im Wege stehen, auf die man sich im Zuge der Nationwerdung immer stärker berief. Die Populisten täuschten nicht bloß über die Infrastruktur-Investitionen hinweg, die dieses fast straßenlose, von Import-Lebensmitteln abhängige 56.000 Einwohner-Land noch vor sich hat. Sie zerredeten auch die haarsträubenden Probleme des Landes, die weder durch

dänische Kronen noch durch dreißig Jahre Teilautonomie in
den Griff zu bekommen waren. In der Woche des Referendums
erhielt ich einen Anruf, mitten in der Nacht. Am Apparat war
ein aufgebrachter Mann. Er bat darum, seinen Namen nicht
zu nennen, war er in der Region doch eine bekannte Figur. Das
Referendum habe das Zeug zur Katastrophe, sagte er, »Mobil-
telefone und Motorschlitten, Hubschrauber und Internet allein
machen doch noch keine Weltbürger aus.« Nicht allen auf der
Insel gelinge es, traditionelle Denk- und Verhaltensmuster
eines Fischer- und Jagdvolkes mit den ethisch-moralischen
Standards und Verlässlichkeiten der globalisierten Arbeits-
welt zu synchronisieren. In einem Land, sagte er, in dem die
Generation der Alten noch außerhalb warmer Wohnungen
aufwuchs und jede Art von Industriearbeit stocke, sobald der
erstbeste Nachbar die Boots- und Schlittenführer zur blutigen
Robben- und Waljagd rufe, könne die Sehnsucht nach Abnabelung von Dänemark rasch schicksalsschwere Folgen haben:
»Die einzige Hoffnung, die wir haben, ist das Engagement und
der Bildungshunger der Jugend.«

An diesem Abend verstand ich, dass Grönlands Zukunft
nicht nur eine Wirtschafts-, sondern eine Bildungs- und Kul-
turfrage war. Es bringt Grönland langfristig wenig, wenn seine
Ressourcen nur von Ausländern erschlossen und vergoldet
werden. Es muss in der Lage sein, die Aktivitäten kritisch zu
begleiten, von ihnen clever zu profitieren und an ihnen aktiv,
das heißt mit gut ausgebildeten eigenen Arbeitern und Ingenieuren, mitzuwirken. Unter anderen Vorzeichen gilt dies
sogar für alle strukturschwachen Orte im Norden der Welt,
auch für jene in Europa, die auf ähnlichen Breitengraden liegen

wie die grönländischen, dank des Golfstroms aber vom Eis befreit sind. Außenstehende überschätzen eben, was moderne Fassaden bedeuten.

Sie unterschätzen allerdings auch, wie sehr die Moderne die Bevölkerung Grönlands bereits verändert hat, während seine Besucher noch wie die Ethnographen der ersten Stunde durch die Eisbergfriedhöfe streifen. So gesehen, unterscheiden sich die Herausforderungen des Tourismus, des zweiten großen Hoffnungszweiges der Region, kaum von denen der Industrie. Denn ähnlich den Unternehmern, die auf ihren Helikopterflügen davon schwärmen, sich im weltfernen Weiß noch als Pionier fühlen zu dürfen, wurden auch die Kreuzfahrt-Reedereien in den letzten Jahren auf Grönland aufmerksam, als habe es hier Touristen nie gegeben. In den Zeitungsarchiven lässt sich nachlesen, wie rasant sie den eisigen Norden zu erfassen und mit Rundum-Sorglos-Bootsfahrten auszustatten begannen: Mitte der neunziger Jahre trugen Grönland-Reiseberichte noch Schlagzeilen wie »Im Smoking durchs Treibeis«, galten als exotische Ausnahmen. Dann häuften sich die Reportagen, was bei allem Zeitgeist auch damit zusammenhängen dürfte, dass die Aktivitäten der 1992 gegründeten Firma »Greenland Tourism«, zu denen Einladungen zu Pressereisen ebenso zählten wie die Bereitstellung von Hochglanzmotiven für europäische Zeitungen und Magazine, immer professioneller wurden. Die Kreuzfahrtschiffe kamen. Nicht eines. Nicht zwei. Sie kamen zu Dutzenden, ob ihre Fahrten nun in Amerika, auf Island, in Europa oder in Kangerlussuaq begannen, einem Flugplatz, dessen Geschichte ohne amerikanische

Militärs und dänische Minengesellschaften nicht denkbar ist. Innerhalb von nur fünf Jahren verdreifachte sich die Menge an Schiffen, deren Passagiere den Mythos des Nordens erfahren wollten, bevor er dahin schmolz. Das bekannteste von ihnen, von der norwegischen Gesellschaft »Hurtigruten« eigens für den Einsatz in Arktis und Antarktis gebaut, trug den Namen, den schon Fridtjof Nansens Schiff ins Eis trug: »Fram«, *Vorwärts*. Mit den Schiffen wie der »Disko II«, einem ehemaligen Linienschiff, das noch 2004 für den touristischen Einsatz umgebaut worden war und maximal 58 Passagiere befördern konnte, war dieses 2007 eingeweihte »Expeditionsschiff« für 300 Passagiere nicht mehr zu vergleichen. Auch nicht mit der noch größeren, für mehr als 500 Passagiere gebauten »MS Deutschland«, dem »Traumschiff«, das im August 2009 dabei beobachtet wurde, wie es sich den Eisbergen von Ilulissat auf einige wenige Meter zu nähern versuchte. Die junge Grönländerin, die als Touristenführerin an Bord gegangen war, wurde später mit den Worten zitiert: »Ich bekam eine solche Angst, dass ich darüber nachzudenken begann, ob man nicht über Bord springen müsste.« Offenbar hatte es als Warnung nicht gereicht, dass ein Kreuzfahrtschiff, die »Nordkapp«, zwei Jahre zuvor im Sommer 2007 mit Schlauchbooten evakuiert werden musste. Sie war in der Antarktis auf Grund gelaufen.

Überhaupt läuft noch nicht alles im Tourismus nach Plan: Noch scheinen es vor allem die ausländischen Reiseveranstalter und nicht allzu viele Grönländer zu sein, die aus der neuen Nordlandsehnsucht Kapital schlagen. Die Zahl der Touristen mag in die Zehntausende gehen und die Zahl der 27.000 Grönländer in arbeitsfähigem Alter übertreffen, die Statistiker als »potential labour force« angeben. Auch geben die Gäste etliche tausend Euro aus, um die Eisberge, die Wale und die Inuit später in abendfüllende Dia-Vorträge einbauen zu können. Die kaufkräftigeren Gäste buchen in der Regel ein Kabinenbett auf einem der Kreuzfahrtschiffe. Auf Grönland selbst geben sie vergleichsweise wenig Geld aus, zumal in einem straßenlosen Land wie diesem viele Lebensmittel erst importiert und per Schiff oder Hubschrauber verteilt werden müssen; dieser Aufwand bestimmt die Preise, den ein Cafébetreiber in spe von den Touristen verlangen müsste. Und wovon sollte man leben, wenn die kurze Saison der Kreuzfahrtschiffe vorüber und deren Abgaben verbraucht waren? Das waren die Fragen.

Vielleicht schauten die Alten deshalb nicht auf, als unser Steuermann in Ukkusissat, bei 71 Grad nördlicher Breite, den Motor drosselte. Starr wie Lot standen sie auf den Felsen und blickten herüber, als unsere Schlauchboote sich vom Schiff lösten und auf die Küste zupreschten. Auch die Fischer am Strand: bewegungslos. Nur die Kinder zwischen den Holzhäusern nahmen die Beine in die Hand. Sobald die Hunde zu Dutzenden heulten wie die Wölfe, sprangen sie mit wehenden Haaren zum Anleger hinunter, um sich Schulter an Schulter am Anleger aufzustellen wie die Teenie-Bands im Fernsehen – lange bevor ich Möchtegern-Abenteurer überhaupt erkennen konnte, dass in Ukkusissat, an den Hängen vor dem Eis, einige hundert Menschen leben. Ob zumindest sie daran glaubten, dass die Touristen eine Chance sind? Zumindest stammten aus ihrer Generation Künstler wie Inuk und Bolatta Silis Höegh, die ich etwas später auf der Kopenhagener Klimakonferenz treffen werde. Inuk, ein studentenhafter junger Mann, sorgte schon einmal für Furore, als er mit einer wunderbar absurden Kunstaktion die Machtverhältnisse zwischen Dänemark und Grönland umkehrte: Mit einem Panzer, viel Geschrei und martialischen Flugblättern fiel er in Kopenhagen ein, besetzte die Hauptstadt der Kolonialherren und überzog Dänemark – ein Racheakt, gewissermaßen – mit einer Eiskappe. Auf der Klimakonferenz verwandelte er ein Haus am Hafen in einen tropfenden Eisberg, während seine Schwester Bolatta eine grönländische Gartenidylle anno 2072 präsentierte: mit Tulpen, Palmen, Kokosnüssen und einem ausgedienten Schlitten als Sonnenliege für die Bikini-Schönheit im synthetisch imitierten Seehund-Fell. Beide halten Grönland den Spiegel vor, gnadenlos.

»Bislang«, sagte der Polarabenteurer Arved Fuchs einmal, »hinterlassen die Kreuzfahrt-Touristen in Grönland tatsächlich kaum mehr als ihr Kielwasser. Wenn sie häufiger an Land kommen, müssen die Grönländer ihnen Grenzen setzen.« Ganz so leicht allerdings war es nicht, sich an diese Touristen zu gewöhnen, geschweige denn, ihnen Grenzen zu setzen. Der Grat, der viele der Besucher und Unternehmer von den Kolonialherren unterscheidet, ist schmal und die von Kenn Harper im »Eskimo von New York« beschriebene Gaffer-Kultur nicht wirklich verschwunden. Auch ich war nicht besser. Im Halblicht schloss ich mich drei Dutzend Rentnern an, die sich in Rettungswesten von den Booten an Land bringen ließen. Wie Eroberungstruppen verschanzten wir uns hinter Teleobjektiven. Das kleine Tourismus-Komitee, das sich in dem Dorf gebildet hatte, kannte das schon. Es schob die Gruppe auffällig schnell an den skeptischen Alten und Fischern vorbei, die sich die Baseballmützen tief in das Gesicht gezogen hatten. Keuchend trappelten die Touristen den Fußpfad zwischen den Holzhäusern hinauf, immer auf Abstand zu den Schlittenhunden, die in Ukkusissat wie in allen Dörfern Grönlands zu Dutzenden im Freien angekettet sind; ihr aufgeregtes Bellen und Jaulen, erklärte eine junge Frau, rühre vor allem daher, dass ihnen dank der Gäste eine Fütterung bevorstehe. Die Frau bugsierte die Touristen-Truppe in ein Gemeinschaftshaus, dessen Wände das Komitee mit rot-weißen Grönland-Flaggen geschmückt hatte. Und da saßen sie dann, mit ernsten Gesichtern. Streng wie eine Casting-Jury nahm die Delegation aus Europa einen Volkstanz ab, der nicht so ganz zu den Volkstänzen passen mochte, die sie erwartet hatten. Das elektronische Keyboard etwa, das die Tanzenden begleitete! Das würde man aus den Bildern ebenso retuschieren müssen wie alle Hinweise darauf, dass die Dorfjugend ihre Tanzschritte erst noch zu lernen hatte wie die Vokabeln einer Fremdsprache. Vom schwarzen T-Shirt ganz zu schweigen, das einer der tanzenden Teenager zu Mütze und Trainingshose trug. Es zeigte einen Indianer mit Federschmuck.

Das sollte Grönland sein? Die Besucher wagten es nicht, die Frage auszusprechen. Einige von ihnen packten Tücher aus, um die Linsen ihrer Kameras zu reinigen. Andere tuschelten, blickten über die Schultern und sahen, wie die Reiseleiterin unbemerkt ein Mitbringsel abzugeben versuchte. Dass sie gebeten wurde, die Schlauchboot-Invasionen im Ort künftig etwas zu reduzieren, hörten sie nicht. Vielleicht, flüsterte ihr die Frau aus dem Dorf zu, könnte man ja statt dessen kleine

Inuit-Abordnungen an Bord laden? Ich verstand das erst falsch. So, dachte ich, ließe sich die Illusion besser aufrechterhalten, dass dieser ferne Winkel jenseits der Eis- und Gletscherwelt von der Moderne halbwegs verschont geblieben sei. Vom Sonnendeck aus könnten die Touristen bunte Kutter ausmachen. Sie könnten Inuit ausmachen, die im Blaumann zwischen den Eisbergen auf Fisch- und Robbenfang gingen. Sie könnten Eisbärenfelle fotografieren, die an Deck eines Bootes aufgespannt waren und vor sich hin trockneten, und in der Schiffsmesse gäbe es gebratenes Walfleisch, das appetitlicher aussähe und besser schmeckte als die rohe Walspeckschwarte, die uns andernorts ein Inuit anbot. Später stellte sich heraus, dass der Mann an den Messern dahinter Hans Enoksen war, der einstige Premier. Auf dem Steg hinter dem Festzelt lagen noch die blutigen Knochen der nächtlichen Jagd.

Es ging aber nicht darum, ein Grönland-Disney zu errichten. Auch nicht in Sisimiut, der mit 5300 Einwohnern zweitgrößten Stadt Grönlands. Auf dem Weg durch die wenigen Straßen oberhalb des Fähranlegers gab es immerhin ein Krankenhaus, eine Krabbenfabrik von »Royal Greenland«, einen Bus, der die Straßen abfuhr (und eines Tages, wenn die Planungen greifen und die Überlandverbindung kommt, wohl endlich auch die 155 Kilometer nach Kangerlussuaq überbrücken wird), eine Werkhalle, in der offenbar Kunsthandwerk und Kajaks produziert wurden, ein Gymnasium, das andere Orte auf Grönland nicht haben – und ein kleines Freibad, dem es an diesem Tag allerdings an Wasser fehlte. Wie modern, dachte ich, vielleicht sogar moderner als vieles, was ich in der deutschen Provinz gesehen hatte. Der Mann, den ich vor den

Plattenbauten im hinteren Ortsteil ansprach, lobte in höchsten Tönen den Plan der Öl- und Aluminiumindustrie, den Ort eines Tages weiter aufblühen zu lassen. Hinter ihm, an die graue Betonwand des Hauses, hatten Unbekannte dennoch ein breites, in der Rechtschreibung grenzwertiges »Fouck you« und ein noch breiteres »Narkotika« geschrieben. Es war dasselbe Haus, vor dem einige Kinder gelangweilt herumsaßen und Löcher in die Luft starrten.

Was war dran am Aufbruchsgeist? Waren die Engagierten die Ausnahme, die studiert hatten und Besuchern wie uns die Küste erklärten, oder die Frustrierten vor den Plattenbauten? Also klopfte ich auf dem Rückweg an die Tür der kleinen roten Polizeistation. Zugegeben, ein Polizist war kein Sozialarbeiter oder Pfarrer, der vor jedem Winter die Familien besuchte, um vor dem Frost die vermutlich benötigten Grabstellen berechnen und ausheben zu können. Aber jemand wie er blickt hinter die Kulissen dieser Arktis, die mir auf einmal mehr wie ein Ghetto als ein Naturpark erschien. So lernte ich Hans Falck-Petersen kennen, einen ausgesprochen freundlichen Herrn mit Baseball-Kappe. Er schien ein guter Beobachter zu sein. Er bemerkte sofort die Müdigkeit, die mich nach tagelangem Aufmerksamkeitskampf gegen die Mitternachtssonne plagte wie eine unheilbare Krankheit. Und er nahm kein Blatt vor den Mund. »Dass Grönland Probleme hat, ist ja bekannt. Die Selbstmordraten. Der Alkoholismus. Die Vergewaltigungen. Der Kindesmissbrauch. Die Drogen. Der Frust. Die Gewalt. Vieles davon ist nun einmal in unserer Kultur verankert.« Er stellte uns einen Kaffee auf den Tisch, *come on get real and smell the coffee.* »Unsere Mentalität ist eben noch immer ein Abbild der Natur. Hier schlagen die Leute sehr schnell um, von herrlichstem Sonnenschein zu gewaltigem Gewitter«.

»Das ändert sich doch jetzt«, sagte ich, »jetzt kommen doch vielleicht tolle Arbeitsplätze, im Tourismus zum Beispiel.« Falck-Petersen schwieg. Der Kaffee dampfte. Draußen, vor dem Fenster, raste ein Mann auf einem Trike die Straße zum Wasser hinunter, die Kippe lässig im Mundwinkel. Ich wiederholte vorsichtshalber noch einmal die Frage: »Ist nicht der Tourismus eine Chance?« »Wissen Sie«, antwortete Falck-Petersen da, »die alte grönländische Gesellschaft ist im Kern vor allem eines: frauenfeindlich und schlecht gebildet. Und sie beharrt auf ihrer Kultur, wie das ja andernorts auch der Fall ist. Dagegen kann man natürlich anarbeiten. Das machen wir Jüngeren ja auch. Aber wie sollen wir die Probleme in den Griff bekommen, wenn die alte Kultur nun im Zuge der nationalen Aufbruchstimmung wiederbelebt wird? Wenn diese Rückbesinnung auf die Traditionen noch dazu von den Touristen erwartet wird?«

Ich zuckte mit den Schultern und bekam ein schlechtes Gewissen, in die Vorgärten der Inuit eingedrungen zu sein, in der einen Hand die Kamera, in der anderen das Mückenspray. »Grenzen akzeptieren«, Falck-Petersen schob die Statistiken zurück in den Schrank, »darum geht es, in der Gesellschaft und bei den Touristen. Grenzen akzeptieren.« Und dann sprach er vorsichtshalber doch noch einmal von der Schönheit der grönländischen Natur und den Touristenbooten, die in den Sommermonaten gegenüber der Krabben-Fabrik festmachen. »Vielleicht«, schob er nach, um seine Kritik an den Gästen etwas abzuschwächen, »sind viele Küstenorte einfach etwas zu klein für einen touristischen Ansturm, wie wir ihn seit einigen Jahren erleben.«

Ilulissat vielleicht ausgenommen. Wenn ein Städtchen auf den Tourismus-Ansturm vorbereitet war, dann die Stadt mit dem Eisfjord. Hier gab es für Besucher ein Freizeit-Angebot, das seit Jahrzehnten fest in der Hand deutscher Aussteiger war; im preußischen Stechschritt führten sie die Gruppen vom Stadtzentrum zum Gletscher, vermittelten Schlittenhund-Touren und Helikopterflüge zum Inlandeis. Und es gab Menschen wie Jens Ole Tomassen, die eine Aufgabe im Tourismus gefunden hatten, ohne dafür tanzen oder schnitzen zu müssen. Eigentlich war Tomassen Unterwasser-Schweißer und nicht Romantiker. Spätestens seit er für ein Fernsehteam gewagte Filmaufnahmen von der Unterseite eines Eisberges machte, hatte auch er das als touristische Einnahmequelle erkannt. Auch mich brachte er daher mit dem alten Holzkutter »Clane« bis heran an die Abbruchkante des Eises, immer entlang der gigantischen blauweißen Eisberge, die an einer Schwelle unter Wasser für eine Weile stranden, bevor sie endgültig ins offene Meer zu treiben beginnen. Er sprach leise, weil sein Sohn in der Kajüte über einem Comicheft einschlief: »Die Klima-Veränderung macht uns natürlich schon ein wenig Sorgen. Der Gletscher zieht sich immer weiter zurück.« Dann machte er den Dieselmotor aus, fischte ein Stück Eis aus dem Wasser, um es vor mir in die Sonne zu legen, überließ mich der Stille, bis sie kaum noch auszuhalten war. Den Gedanken einmal ausgenommen, dass auch der Eisberg, der mit der Titanic im Frühjahr 1912 den Glauben an das technisch Machbare im Eismeer versinken ließ, von hier gestammt haben könnte: die reinste Meditation.

Apropos Technik. Später hörte ich, dass unterhalb des »Schwarzen Engels« in Maarmorilik die Unterkünfte für die Arbeiter hergerichtet wurden. Es war indes nicht klar, ob diese Arbeiter aus Grönland kommen würden oder, was wahrscheinlicher schien, da es im bevölkerungsschwachen Grönland an Minenarbeitern mangelt: aus Südafrika. Überhaupt druckste Nick Hall, der Minenchef, noch etwas herum, als ich ihn nach all dem und dem Starttermin für die Arbeiten fragte: »Derzeit gibt der Markt wenig her.« In den Zeitungen war von unerwarteten Hürden bei der Refinanzierung und fallenden Rohstoffpreisen zu lesen, vom kleinlauten Rückzug der Spekulanten und Investoren weltweit. Aber das verzögerte nur die Entwicklung, mehr nicht. Die britische Firma »Angel Mining« etwa kaufte sich noch während der Krise in eine Goldmine ein, ganz im Süden Grönlands. Die Unternehmer wollten sich ihren Traum vom Aufbruch ins Eis offenbar ebenso wenig nehmen lassen wie die Grönländer. Man erinnert sich zwar an Geschichten, wie jene der kleinen Ortschaft Ivittut im Südwesten der Insel: Ein Jahrhundert lang, von 1865 bis 1987, wurde hier Kryolith abgebaut, der legendäre »Eisstein«, der Leseratten von der »Kryolithgesellschaft« aus Peter Høeghs Roman »Fräulein Smillas Gespür für Schnee« bekannt ist. Dann sank die Stadt zur Geisterstadt dahin. Aber hundert Jahre sind eine lange Zeit. Die Aussicht auf hundert Jahre Wohlstand reichte für die Inuit aus, auf dem Klimagipfel in Kopenhagen 2009 eine ganz eigene Visitenkarte abzugeben: Im Nordatlantikhaus am Hafen, in Inuks Eisberg aus Fotoplane, der von außen wie das traurige Sinnbild der globalen Erwärmung erscheinen musste, zeigte Grönland, was an Rohstoffen unter seiner

Eiskappe noch erhältlich ist. Es gab Häppchen. Es gab Musik. Es gab große Landkarten an den Wänden, auf denen die Rohstofflager farbig markiert waren. Und die Kellner, die sich am ausgestopften Eisbär im Treppenaufgang vorbeigewagt hatten, präsentierten auf ihren Tabletts ein neues Produkt: Grönlandwasser, frisch importiert. Ganz schön clever: Wenn schmelzendes Grönlandeis genug Wasser abwirft, um den Meeresspiegel um sieben Meter anzuheben, kann man einen Teil doch auch verkaufen! Der Witz, bald werde man vielleicht sogar Trinkwasser in die Vereinigten Arabischen Emirate exportieren können, war keiner.

PROGRESSUM
Kiruna – 67 Grad Nord – Der Griff nach den Sternen

Anderthalb Stunden. Anderthalb Flugstunden waren es noch einmal von Stockholm bis hinauf in die nördlichste Stadt Schwedens, die Grubenstadt Kiruna. Das war nicht lang. Mit dem Auto, die Witterungsbedingungen des Winters nicht eingerechnet, wäre ich wohl fünfzehn Stunden unterwegs gewesen und hätte mich in der Einsamkeit doch nur gefühlt wie Jack Torrance, der Hauptdarsteller in Stanley Kubricks Film »Shining«, der sich mit dem Wagen in die Rocky Mountains aufmacht und in dieser Abgeschiedenheit gleichermaßen an seinem Buchvorhaben wie sich selbst scheitert. Dann lieber der Flieger, auch wenn das bei der Ankunft eine kleine Taxifahrt bedeutete: Die Telefonauskunft in Kiruna hatte mich darauf vorbereitet, dass Busse in die Stadt um diese Jahreszeit höchstwahrscheinlich unwahrscheinlich seien. Sie hatte mir die Nummer eines Chauffeurs gegeben. Und in der Tat stand der Mann in Kiruna am Rande eines Gepäckbands, dessen Sinn und Zweck sich bei diesem kleinen Abfertigungsgebäude nicht vollends erschloss. Er sprach kein Wort, als sei ihm bei den 12 Grad Minus, die in Kiruna seit Tagen herrschten, die Zunge eingefroren. Sein Kombi mit den Spikes aber war da, er stand neben dem Parkplatz, der für die Hundeschlitten reserviert war. Ich fröstelte. Ich sah die Dunkelheit über dem Gelände, karge Bäume, wenig Häuser, und wurde über eisglatte Straßen zu einer schlichten Pension in der Stadt gefahren. Ihr Besitzer: ein fahlgrauer, dünner Mann mit altem Hemd. Auch er gab sich wortkarg wie eine Frosttanne, während sein Kreditkarten-Kasten piepend Kontakt zur Außenwelt aufnahm. »Ich hab ihnen den Fernseher schon einmal angemacht«, sagte er. Und zog sich in ein Wohnzimmer zurück.

Das zugeteilte Eckzimmer im Obergeschoss war beheizt, und die Stoffrollos vor den Fenstern ließen sich nur einen Spalt öffnen. Durch den Spalt war der Berg hinter der Holzhaussiedlung zu sehen, einer der Berge, durch die sich die Grubenmaschinen schon gefressen hatten. Die aufgesteckten Lichter, das rötliche Schimmern über der Stadt, dazu die Dunkelheit und das unentwegte Brummen aus der Ferne oder Tiefe. Kiruna, die Stadt mit den Holzbauten, den Plattenbauten und einer der größten Eisenerzminen der Welt, ist eine unwirkliche Erfahrung, sobald die Sonne schwindet, und im Winter geht sie nördlich des Polarkreises bekanntlich kaum auf. Dann gibt es hier nur den Schnee und die Polarnacht.

Trotzdem sagt es sich etwas zu leicht dahin, dass das Leben im Norden noch immer rau und die Entfernung zur nächsten Stadt noch immer weit sei. Natürlich ist das Klima hier rau, und die Entfernung zu den Metropolen Skandinaviens trotz der Erfindung des Flugzeugs groß. Der Mensch aber hat sich eingerichtet. Der Kurierfahrer eines Unternehmens etwa, dessen Wagen irgendwo auf dem Weg von der Ostsee hinauf in die Berge Lapplands versagt hatte, saß tief entspannt in der Sauna der Pension. Draußen dampften weiß die Wagen, die im Schwarz des Nachmittags über die Straßen knarrten. Und auch die Münder der beiden Seniorinnen dampften. Sie waren zum Einkauf in Richtung Folketshus unterwegs, zu einem Supermarkt, dem es an nichts mangelte, und einer Bibliothek, in der russische Einwanderer die Internetrechner belagerten.

Ich folgte den Damen ein Stück. Ihre Gesichter waren vor Mützen und Kapuzen kaum zu sehen. Ihre Mäntel waren so dick, als hätten sie sie bis zum Kragen mit Plüschdecken gepolstert. Ohne die Beine zu heben, schoben sie die Schuhe über das Eis, zentimeterweise, millimeterweise gar, wo es nicht anders ging. Ich dachte gerade an die Profiteure der globalen Erwärmung, da sprangen die beiden Ladys auf die Kufen ihrer schmalen Holzschlitten, um sich lebenslustig zuzuwinken und abwärts zu rasen, stehend und mit einem breiten Lächeln, bis sie hinter dem flachen Zweckbau verschwanden. Ja, man hat sich arrangiert. Kiruna ist kein Vorposten, der Mensch kein Fremdkörper mehr in der Wildnis Lapplands.

Trotzdem gingen sie in Kiruna ihrer Arbeit nach, als sei alles, was bislang errichtet wurde, nur ein Provisorium – und nicht seit mehr als einhundert Jahren etabliert. Über die Männer, die Kiruna in die Wildnis Lapplands setzten, schrieb der schwedische Schriftsteller Ernst Didring Romane, die im erzsüchtigen Umfeld des Ersten Weltkriegs noch melancholischer, innerlich zerrissener daherkamen als ohnehin schon. In »Pioniere: Roman aus dem Norden« beschrieb Didring zunächst den Bau der Bahnstrecke, die um die Jahrhundertwende die Erzvorkommen nördlich des Polarkreises erschließbar machen sollten. Im nachfolgenden Buch »Der Krater« ließ Didring es dröhnen und rauchen und knallen, dass der Grubenstaub den Lesern fast ins Gesicht blies. Genau so war Kiruna entstanden: Die Stadt verdankte ihr Dasein einzig dem Bedürfnis der Großmächte nach Schienen und Schiffen und Stahlgeschützen – das hier war es, das legendäre schwedische Erz. Didring erzählte in seinen Roman allerdings auch davon, dass Kiruna als kühner Entwurf vom Reißbrett seinesgleichen suchte. »Nirgends in der Welt hatte man so nahe dem Pol Versuche im großen Stil gemacht«, ließ Didring den Fabrikherr denken, als die Unruhe unter den Arbeitern in den Anfangszeiten zunahm, »Die Lebensverhältnisse waren furchtbar, das wußte er. Er konnte nicht leugnen, dass man das Unternehmen am verkehrten Ende angefangen hatte. Zuerst hätte man natürlich gute Wohnungen für die Arbeiter schaffen und dann erst den Grubenbetrieb in Angriff nehmen müssen.« In den Geschichtsbüchern Kirunas ist dieser historische Abschnitt ebenso sehr mit dem Namen des Grubenvaters Hjalmar Lundbohm verbunden wie mit den Wurzeln des schwedischen Sozialstaates.

Dieser Hjalmar Lundbohm, ein Chemiker und Geologe, war ein aufgeklärter und moderner Mann. Didring beschrieb ihn im Roman mit den Worten »Sein Herz sprach für die Arbeiter, sein Kopf aber für die Bergwerksgesellschaft«. Als Unternehmer wusste er: »Sechs, sieben Milliarden lagen da draußen in dem Berge und unter dem See, wenn der Eisenhunger anhielt und man in Ruhe arbeiten konnte. Milliarden für Industrie und Fortschritt; das wäre die ganze Zukunft […] die Chance, eine neue ökonomische Zukunft zu schaffen.« Als Unternehmer wusste er allerdings auch, was vonnöten war, um seine Arbeiter bei Laune und »dies Leben am Nordpol« ertragbar zu halten: »Wir müssen ordentliche Wohnungen schaffen«, heißt es bei Didring. »Jetzt wohnen [die Arbeiter] zum größten Teil in wahrhaftigen Särgen, alten Dynamitschuppen. Ordentliche Wasserleitungen und Kloaken, Abendschulen, Warmbad, Straßenbahn, Beleuchtung müssen wir auch zu bekommen versuchen. Denn es heißt nicht nur die Löhne zu

erhöhen! Man könnte sie bis ins Unendliche erhöhen, und die
Arbeiter würden doch nicht hier bleiben.« Lundbohm wollte
eine »Mustergesellschaft« schaffen, eine attraktive Alternative
zu den Fabrikstädten im Süden.

Zwei anerkannte Architekten entwarfen für Lundbohm
dann auch zu Beginn des zwanzigsten Jahrhunderts einen
Stadtgrundriss, der durch die Anordnung großer und kleiner
Häuser selbst die klimatischen Bedingungen des Nordens mil-
dern und Hierarchien glätten wollte. Nicht alle Pläne konnten
verwirklicht werden. Aber immerhin, noch in den fünfziger
Jahren brachte eine elektrische Straßenbahn die Arbeiter an die
Mine, ja selbst das Rathaus, spendiert von der (1957 verstaat-
lichten) Grubengesellschaft LKAB und 1964 als »schönstes
öffentliches Gebäude Schwedens« preisgekrönt, zeugte mit
seinem Glockenturm, seinem Mosaikboden und der Kunst
an den Wänden noch von dieser Aufbruchstimmung. Man
hatte Neuland erschlossen, und die Zugeständnisse an den
Menschen waren die einzige Möglichkeit, dieses Neuland
auf Dauer zu erhalten und die Arbeit fortzusetzen. Sie sollten stolz sein auf Kiruna, auf eine Stadt, die flächenmäßig als
»größte Stadt der Welt« galt, und eine Firma, die Berge ver-
setzte und nach und nach ein hunderte von Kilometern langes
Tunnelnetz durch das Erdreich trieb.

Der Wind drehte sich, kurz nachdem Kiruna durch den
Streik seiner Grubenarbeiter im Dezember 1969 und Januar
1970 in die weltweiten Schlagzeilen geraten war. Der Boom
war vorbei. Mit ihm schwand das Gefühl, als Pioniere im
Norden nicht unwesentlich zum Betrieb eines Wohlfahrtsstaates beizutragen, der nun ebenfalls wie ein heißgelaufenes

Farbfernsehgerät implodierte. »Blick auf Schweden – Blick in die Zukunft«. Das hatte der »Spiegel« noch 1972 geschrieben. In der blaugelben Fahne auf der Titelseite fand sich gar die Frage: »Modell für Bonn?« Im Herbst 1978 vermeldete er »Die besten Zeiten Schwedens sind vorbei«, und man wusste auch, was die »New York Times« über den »einst als achtes Weltwunder gepriesenen Eisenerzberg« geschrieben hatte: »Wie die Pyramiden […] könnte Kiruna zu einem der Monumente einer vergangenen Zeit werden.«

So sah es aus. Das Leben am Polarkreis, in einer Stadt, die im Winter von eisigem Wind umklammert wurde, konnte weiterhin erträglich gemacht werden. Die Zeiten aber, in denen Kiruna 25.000 Einwohner hatte, schienen vorbei, und zwar auch deshalb, weil der Mensch nicht nur eine warme Wohnung, ein Kino, eine Bibliothek und ein Schwimmbad braucht, sondern eine Perspektive. Der Bergbau konnte ihm diese Perspektive nicht mehr geben. Ganz im Gegenteil, der kleinen Gesellschaft entzog er in seiner Verzweiflung den Boden: Im Januar 2007 beschloss der Stadtrat sogar die Räumung des alten Ortszentrums und damit das Großprojekt eines Stadtumzugs. Ungehindert sollten die Maschinen auf die letzten Erzadern zugreifen können, die sich tief unter der bestehenden Siedlung befinden. Das Rathaus, die Kirche, der Bahnhof – sie lagen alle im Weg. Nur die Menschen nicht. Für die Menschen war Höheres bestimmt. Sehr viel Höheres sogar. Sie wollten in den Weltraum.

Es dämmerte, als das Scheinwerferlicht des Saabs über das Eis zog. Die Terrassen der Erzberge, die frostigen Betontürme

48

über den Schächten, die endlosen Schienenstränge unterhalb
der Stadt – gespenstisch sah das um diese frühe Uhrzeit aus,
und die Sonnenstrahlen, die von den vorbeifliegenden Bäumen
gebrochen wurden, verwirrten mir eine Stunde lang den Kopf.
Am Abend war ich noch in eine Hotelbar eingekehrt. In ihr
saßen fast nur Geschäftsleute aus dem Minenwesen. Sie schauten englischen Fußball. Nur ein Mann, der zu einem Autotest-
gelände unterwegs und reichlich betrunken war, wollte mir eine
Geschichte erzählen. Die Grubenfirma, lallte er, wolle die Stadt
nach dem Teilabriss und Umzug schöner und größer aufbauen
als jemals zuvor. »Sie wollen«, sagte er, »sogar den abgearbei-
teten Berg da drüben mit einem Glasdach überziehen, unter
dem sich ein Regenwald anpflanzen lässt!« So mache man es
unter dem Namen »Eden Projects« schließlich auch in einer
stillgelegten Grube Cornwalls, so mache man es bei den »Tro-
pical Island« auf einem alten Fabrikgelände in Deutschland,
und überhaupt: Das wäre doch eine fantastische Ergänzung
zum geplanten Shopping Centre, dem Erlebnis-Schwimm-
bad und der Skianlage, die Kiruna nach dem Vorbild von
»Ski Dubai« unabhängig von Jahreszeiten und Klimawandel
machen könnte.

Ich frage mich seitdem, was an Restalkohol in meinem
Blutkreislauf verblieben war. Der Mann hatte nämlich nur
die Hälfte der Geschichte von Kirunas Zukunft gehört. Und
im Vergleich zu den Visionen, die mich nach Nordschweden
gelockt hatten, waren Regenwaldhallen für den Polarkreis eine
nahezu altmodische Idee, so hübsch sie auch zu den Hundeschlitten und Rentierherden passten, die noch immer von den
Sami durch die Einsamkeit getrieben wurden. »Wir sind gleich

da«, sagte Johanna, die Pressesprecherin des Esrange Space Center, die mich vor Sonnenaufgang an der Pension mit ihrem Saab abgeholt hatte. Ihr Vater hatte die Familie nach Norden gebracht. Es hatte ihn gereizt, als Architekt für eine Stadt wie Kiruna zu arbeiten und die Straße nach Narvik zu bauen. Und auch Johanna, die schon als Bauingenieurin und Lehrerin gearbeitet hat, wäre nach dem Studium in Umeå wohl kaum nach Kiruna zurückgekehrt – wenn sie den Norden nicht als Chance sehen würde, als Mensch ganz bei sich sein zu können: »Das Leben im Norden hat für mich viel mit echter Lebensqualität zu tun. In dieser grandiosen Umgebung ist es leicht, nach Feierabend von einem sehr spannenden, international ausgerichteten Job auf meinen Mann und die Kinder umzuschalten. Wir verbringen jede freie Minute in der Natur.« Beruf. Familie. Natur. Alles ist drin.

Der Wagen passierte eine Schranke und einen Zaun, er fuhr noch tiefer in den Nadelwald hinein, der sich hinter der Passierstation des Space Centers fortsetzte. Dann waren im Schnee Gebäude zu sehen: schlichte Zweckbauten, die nur Wissenschaftler und Ingenieure mögen können und sich doch noch einmal merklich von den winzigen, unbequemen Laboratorien in den Containern und den Wellblechkonstruktionen abhoben, die ich später zu Gesicht bekommen würde. Eine Schönheitsfarm würden sie hier nie einrichten können. Aber gut. Darum ging es hier ja auch nicht. Das »Esrange Space Center« war ein Startplatz für Forschungsraketen, ein Zentrum für hochkomplizierte Versuche, auf das ganz Europa setzte. Umso nüchterner empfingen mich die Wissenschaftler, die zwischen den Kabeln, Bildschirmen und Computern einer »mobilen

Raketenbasis« saßen und in einer Halle sensible Raketenteile montierten. »Kommen Sie wegen des neuen Raketenstarts oder der Ballons?«, fragte einer von ihnen, ein Deutscher. Als ich den Kopf schüttelte und erklärte, dass Johanna mir die neuen Pläne für die bemannte Raumfahrt erläutern wollte, ging er etwas auf Distanz. »Verstehen Sie mich nicht falsch«, sagte der Mann, »hier geht es seit Jahrzehnten um wichtige Messungen, um überlebenswichtige Erkenntnisse, die aus dem All zur Bewertung des Klimawandels gezogen werden können und Millionen von Euro kosten. Projekte, die womöglich noch nicht ganz ausgereift und riskant sind, können wir uns da nicht leisten.« Ein bisschen klang das nach Altkanzler Helmut Schmidt: »Wer Visionen hat, sollte zum Arzt gehen.« In einem Nachbarraum, auf einer großen elektronischen Weltkarte, waren Satelliten verzeichnet, mit denen die Wissenschaftler derzeit Kontakt aufnehmen konnten. Einer von ihnen schickte neue Daten zur Eisdicke in der Arktis. Die junge Frau, die vor dem Computer saß und die Bilder und Informationen aus dem All entgegennahm, schaute so konzentriert und staatstragend drein, dass ich sie nicht anzusprechen wagte. Das kleine Zeitfenster, in dem der Satellit von Kiruna aus ansprechbar war, war schlichtweg zu wertvoll.

Johanna führte mich nach dem Gang über das Gelände in einen Konferenzraum und machte die Tür zu. Sie war davon überzeugt, alle Bedenken dank der Unterstützung eines Tageslicht-Beamers zerstreuen zu können. Großes Power-Point-Kino! So würde es eine Stunde später auch im Büro der Entwicklungsgesellschaft *Progressum* sein, die von den Firmen Kirunas getragen wird. Und selbst der Direktor des kleinen roten Flughafens wird am Ende dieses Tages seinen Rechner anwerfen, um die Visionen mit bunten Bildern zu verstärken. »Hier oben«, sagte Johanna, als es im Lautsprecher knackte, »ist Schweden äußerst dünn besiedelt, und noch dazu handelt es sich bei dieser letzten Wildnis Europas streckenweise um ein unvorstellbar großes Testgelände, die North European Aerospace Test Range, 350 Kilometer lang und zwischen Esrange und Vidsel fast komplett unbesiedelt. Hier oben kann man *so etwas* machen.« Damit drückte sie einen Knopf, der uns ins Weltall katapultierte, und zwar zu einer sphärischen, elektronischen, adrenalinhaltigen Musik. Diese Musik lenkte mich zunächst ab. Sie erinnerte mich daran, warum die schwarzen ersten Minuten in Stanley Kubricks Film »2001 – Space Odyssey« unterschlagen wurden: Wer käme schon auf die Idee, zum düsteren Soundtrack von György Ligetis »Atmospheres« ins All reisen zu wollen? Eben. Dann lieber die »Schöne blaue Donau« von Strauss, die in Kubricks legendärer Eröffnungsszene aus dem Jahr 1968 die Ankunft eines »Pan Am«-Raumgleiters an der radförmigen Raumstation untermalte. Auch Johannas Film setzte vor allem auf die Science-Fiction-Begeisterung der Betrachter, auf pure Emotionen. Im Morgenlicht hob ein schlanker Jet mit der Aufschrift »USS Enterprise« von der Startbahn ab. Das Fahrwerk klappte ein. Das Raumschiff klinkte sich aus. Raketen zündeten, im freien Fall, und ab ging's durch die Schallmauer in die Umlaufbahn – für einen Blick auf den blauen Planeten und sechs Minuten Schwerelosigkeit, stets auf Augenhöhe mit dem Nordlicht. Ich schnappte nach Luft. »Kiruna soll zum Weltraumbahnhof werden?«

»Yep«, antwortete Johanna knapp. Vermutlich hatte sie schon öfter in heruntergerasselte Kinnladen geschaut, seit Kiruna einen Vertrag mit Virgin Galactic abschloss, dem Raumfahrt-Unternehmen des amerikanischen Self-Made-Milliardärs Richard Branson. Richard Branson! Das war ein langhaariger Business-Punk, der sein Geld vor allem mit einer Plattenfirma und einer Fluggesellschaft machte und das Establishment provozierte, wo immer er auftrat. Ein Abenteurer, für den die private Raumfahrt nur ein luxuriöses Hobby war. Ein Milliardär, der Spielzeug für Millionäre baute. Jaaaa, sagten sie in Kiruna. Ohne solche Männer aber käme die Welt doch gar nicht voran. Was zählte, waren die drei Firmen, die sich in New Mexico, auf dem Spaceport America, niedergelassen hatten. Sie trieben den Aufbruch ins Weltall voran. Und sie waren auf der Suche nach Partnern – in Kiruna zum Beispiel.

Aber auch die schwedische Wirtschaftsministerin Maud Olofsson, eine energische Frau, klang noch etwas verhalten, als sie bei der Vertragsunterzeichnung im Januar 2007 in Kiruna eine kleine Rede hielt: »So I just say thank you, to all of you that have all these dreams, and maybe you don´t come exactly to the point that you have pointed out. But I think that we will come close. […] I will do my very best to fulfill these dreams and I think it´s important for all of us that you have shown us that dreams are important and we can do it if we want to.« Vielen Dank, hieß das, dass Ihr noch Träume habt – auch wenn sie nicht alle in Erfüllung gehen werden. Ein Vertrag, der Schweden zum Science-Fiction-Standort machte? Zum Zeitpunkt der Unterzeichnung war es doch nur fünf Wochen her, dass Christer Fuglesang als erster Skandinavier ins All reiste, und er war mit der NASA und nicht mit einer Firma unterwegs, die private Raumfähren baute und von menschenleeren Gegenden wie New Mexico und Kiruna aus Touristen ins Weltall zu schießen versprach. Er musste keine 200.000 Dollar auf den Tisch legen. »Is this fina fisken, Christer?«, hatte ihn die Bodenkontrolle gefragt. Ist das guter Fisch, Christer? Das hieß soviel wie: Eine tolle Sache? Fuglesang antwortete, »Yes, fina fisken.« Kiruna aber meinte es ernst. Ein Weltraumbahnhof sollte her, ein *Space Port Sweden*.

Johanna brachte mich mit dem Saab in die dunkle Stadt zurück. Ich hatte den Eindruck, als ob es bei diesem ganzen Unternehmen nicht wirklich um das Weltall ginge. Schon deshalb wollte ich unbedingt mit der Entwicklungsgesellschaft *Progressum* sprechen, deren Männer die Wirtschaft Kirunas ankurbeln sollten und mit dem Geld, das ihnen zwei Dutzend Firmen aus der Region in die Hand drückten, die Idee des *Space Port Sweden* vorantrieben. Sie luden mich nach einem kurzen Kaffee sogleich wieder in einen Wagen, um zum Flughafen hinauszufahren. Wie verwaist lag das Gebäude in Nacht und Schnee. Kein Auto auf dem Parkplatz. Keine Passagiere vor dem Eingang. Kaum Licht. Ob ich wusste, dass dieser Flughafen hin und wieder von Testpiloten und großen Maschinen angeflogen wird?, fragte der Progressum-Mitarbeiter beim Ausstieg. Nein, wusste ich nicht. Hatte ich mir allerdings bei einem Flughafen, der in der Statistik nur 1500 Landungen pro Jahr aufweist und sich auf der Höhe des Flughafens von Kangerlussuaq in Grönland befindet, irgendwie gedacht. »Kiruna ist eben nicht Frankfurt«, sagte Peter Salomonsson, der Flughafendirektor. Er saß im Pullover, die kurzen Haare zerwuselt, vor schwarzen Fenstern und geriet ins Schwärmen. »Das muss nicht unbedingt ein Nachteil sein. Ganz im Gegenteil.« Auf seinem Computer war eine Weltkarte zu sehen, auf der sich abertausende gelbe Flecken hin und her bewegten. »Unsere Lage ist ein Vorteil. Die Karte hier zeigt die weltweiten Flugbewegungen eines Tages. Jeder gelbe Fleck ist ein Flugzeug. Und die Mitte Europas ist vor lauter Flugzeugen im Himmel kaum noch zu erkennen. Im Norden ist der Himmel vergleichsweise leer. Hier gibt es Kapazitäten.«

Ich fühlte mich wie auf einer Zeitreise. Schließlich hatte die Fluggesellschaft Scandinavian Airlines, als sie noch jung und frisch war, schon in den fünfziger Jahren damit geworben, Nordamerika und den Fernen Osten über die »Polarroute« erreichen zu können – ein Werbe-Coup, der besonders unter den Sternchen Hollywoods eine gewisse Popularität erlangt haben soll. Salomonsson aber lächelte nicht einmal, als ich das laut vor mich hindachte. Er meinte, was er sagte: »Kiruna«, sagte er, »ist mit seiner Abgeschiedenheit der ideale Standort für den ersten zivilen Weltraumhafen Europas. Solange die Technik nicht ausgefeilt ist, werden die großen Flughäfen Europas keine Weltraumschiffe zulassen, die das dichte Streckennetz durchqueren müssten. Für uns hingegen ist das die Chance zur Positionierung. Auf lange Sicht wird es nicht dabei bleiben, dass gutbetuchte Passagiere für einige Minuten in die Schwerelosigkeit abheben. Das Interesse wird steigen, die Preise werden sinken, und irgendwann werden die Kunden ausprobieren wollen, ob man dank des Alls nicht in zwei Stunden vom Spaceport America in New Mexico zum Spaceport

Sweden nach Kiruna fliegen kann. Es wird ein weltweites Netzwerk aus zivilen Weltraumhäfen entstehen, mit dem sich die Flugzeit von Europa nach Australien trotz des Zubringers nach Kiruna noch mehr als halbieren könnte. *Point to point.*«

Salomonsson klang wie Ronald Reagan, der amerikanische Präsident. Ganz Westernheld, hatte er 1986 in seiner Rede zur Lage der Nation einen »neuen Orient Express« angekündigt, mit dem sich innerhalb von zwei Stunden von Washington nach Tokyo gelangen ließ. Die Challenger-Tragödie war damals nur wenige Wochen her: »We're still pioneers«, hatte Reagan da gesagt. »They, the members of the Challenger crew, were pioneers«. Er wollte Zuversicht demonstrieren. Erst später merkte man, dass das »National Aero-Space Plane« bei aller Aussicht auf zivile Orbit-Hüpfer vom amerikanischen Verteidigungsministerium finanziert wurde. Der Traumantrieb bis zum Projektstopp 1993 war dennoch gewaltig.

Kiruna, der Weltraumbahnhof für Europa, brauchte zum Glück keine Milliarden. »Es ist ja schon fast alles vorhanden«, sagte Salomonsson in seinem Eckzimmer mit Nachtausblick. Die Sache mit dem Geld hatten andere erledigt, die privaten Raumfahrtnarren in Amerika vor allem, die »Raumflugzeuge« wie das »Spaceship Two« entwickeln, bauen und erproben ließen, die Astronauten in spe, die nicht warten wollten, bis die Ticket-Preise für den rasanten Flug in 110 Kilometern Höhe auf das Niveau eines Mittelklassewagens herabgesunken waren, die Finanzinvestoren aus Abu Dhabi, die sich (zum Schrecken konservativer Amerikaner) in Bransons Firma eingekauft hatten und so selbstverständlich vom Bau weiterer Weltraumhäfen sprachen wie einige Träumer in Schottland, die den Flughafen der Royal Air Force in Lossiemouth für den Einstieg in die kommerzielle Raumfahrt verwenden möchten. »Überall gibt es Menschen, die den nächsten Schritt machen wollen«, sagte Peter Salomonsson, der früher für die Touristik Kiruna-Lappland arbeitete. »Und in Kiruna gibt es einen Flughafen, der kaum ausgebaut werden muss, um als Weltraumhafen zu dienen. Dazu die Raumfahrtforscher in Esrange, von dessen Kompetenzen auch die Passagierraumfahrt profitieren kann. Das ist es doch!« Er stellte ein auf Pappe gezogenes Poster auf den Tisch. Es zeigte den roten Flughafen nach dem Umbau zum »Spaceport« mit Hotel, davor ein Pulk Menschen in warmen Decken, die den Start eines All-Passagiers im Schnee erleben wollen, dahinter die winterlich-surreale Skyline Kirunas mit seinen Erzterrassen, am Himmel der Raumgleiter im Nordlicht.

Salomonsson kam jetzt richtig in Fahrt. Das Icehotel, das auf halber Strecke nach Esrange alljährlich bei Winterbeginn errichtet wird. Die Teststrecke, die Volvos Lastwagen nutzen. Die Touren, die seit Jahrzehnten ins Bergwerk angeboten werden – alles hängt bei ihm mit allem zusammen, um problemlos mit neuen Attraktionen wie etwa Parabelflügen ab Kiruna in Zusammenhang gebracht zu werden. Dass sich in Amerika der Staat aus dem Space-Shuttle-Programm verabschiedete, schien ihn nicht zu irritieren. Ganz im Gegenteil, es war ja so, dass die Amerikaner nun die private Raumfahrt unterstützen wollten. Überhaupt waren die Aussichten gut. »Jeder Raumfahrttourist, der hier starten wird«, sagte er, »erwartet ein touristisches Zusatzprogramm, das sich mit dem Gefühl der Weltferne verbinden lässt. Jeder Start ins All wird hunderte weiterer Touristen anziehen, die dem Start aus ähnlichen

Gründen zusehen wollen. Und auch sie werden hier Geld ausgeben und Arbeitsplätze schaffen, wenn man die Pakete richtig schnürt. Wenn wir sie rechtzeitig schnüren. 2012, 2013 oder so, das ist doch nicht weit weg!« Peter Salomonsson klang fast so optimistisch wie die Betreiber des privaten »Rymdgymnasiet«, eines kleinen Gymnasiums in Kiruna, das seine Schüler ganz auf den Strukturwandel und eine künftige Tätigkeit in der Raumfahrt vorbereiten will. Wobei sie bislang stärker an die Wissenschaftler im Space Center als an die Raumgleiter denken. Aber das wird schon.

Wie man in Kiruna wohl sprach, bevor Olle Norberg, der frühere Leiter des Space Centers in Esrange und heutige Raumfahrtchef Schwedens, auf Richard Branson zuging, den reich gewordenen Sohn einer Stewardess. Bevor Virgin Galactic mit fünfzig Funktionären und Passagieren, so genannten »Founders«, in Kiruna aufschlug, um im Eishotel zu übernachten, den Flughafen zu besichtigen und sich mit einem Helikopter zum Sektempfang im Gebirge fliegen zu lassen. Ich dachte an die Reality-Show »Astronauterna« im Privatsender TV3, die Publikum und Sieger 2003 mit großem Tamtam eine Weltraumreise versprach, auf die der Kerl bis heute wartet und sich dennoch hartnäckig weigert, das bei einem russischen Veranstalter gebuchte Ticket auszahlen zu lassen.

Auf die Frage, welches realistische Potenzial der Flughafen von Kiruna ohne die Weltraumfahrt besäße, meinte Salomonsson nur: »Schauen Sie nach Anchorage in Alaska. Wissen Sie, was der für den Verkehr mit Kleinflugzeugen und im Frachtverkehr bedeutet? Und wissen Sie, wie ernsthaft sich selbst Finnair mit der Raumfahrt beschäftigt?« Finnair. Das ist die Fluggesellschaft, die in den Sechzigern ihre Stewardessen für die Reise nach New York im Space-Look einkleidete. Finnair hatte tatsächlich zum 85. Geburtstag der Airline ein Projekt gestartet, das sich »Departure 2093« nannte und eigenen Angaben zufolge auf ein schier unglaubliches Interesse stieß: »It's like driving a car – you should look ahead through the windshield, not in the back mirror, if you want to stay on the road.« Unter den Flugzeug-Entwürfen, die ein kleines Begleitbuch als Traumflieger vorstellte, befand sich auch ein silbergrauer Flieger, der die Gäste eines neuen Weltraumhotels ins All transportieren konnte – emissionsfrei, wie es sich im politisch korrekten Norden gehört.

In Kiruna, der alten Grubenstadt, wird man 2093 freilich schon einen Gedanken weiter sein. Das Filmfestival »Arctic Light«, das ich an jenem Abend in den Zweckbauten Kirunas besuchte, präsentierte zum Auftakt den britischen Film »Moon«. Er erzählt die Geschichte eines Bergarbeiters auf dem Mond, und während er mich zum zweiten Mal innerhalb eines Tages in den Weltraum beamte, während der Frost das blassgefärbte Stadtzentrum in eine Eisbahn verwandelte, wurde ich felsenfest davon überzeugt, dass die Ingenieure, die eines Tages den Rohstoffabbau auf fremden Planeten besorgen werden, Ingenieure aus Kirunas Erzgruben sein würden. Darüber kann man denken, was man will, derweil ein weiterer amerikanischer Präsident, Barack Obama, Visionen am Fließband produziert, um über die gegenwärtige Ohnmacht hinwegzukommen: »Um das Jahr 2035 sollen Menschen zum Mars und wieder zurück zur Erde fliegen. Eine Landung auf dem Mars wird folgen – und ich werde dabei zusehen.«

Dieser Ort aber hat zweifelsohne den Geist Hjalmar Lundbohms verinnerlicht, des Geologen, der hier Ende des 19. Jahrhunderts nur deshalb erfolgreich das Erz erschließen konnte, weil er den Aufbruch mit einer Vision verband. Dass es dafür Spott gab und gibt und das Lächeln mancher Fachleute, das musste noch jeder ertragen, der die Welt verändern wollte. Nur so aber gelangte man nach vorn. »Draußen war es lebhaft geworden«, heißt es in Ernst Didrings Roman »Krater« über den Arbeiter Lang, der Kiruna in den harten Pionierjahren verließ und nach Jahren mit großen Augen an den Berg zurückkehrte. »Die Kinder kamen aus der Schule und tobten in den Schneehaufen. [...] Es war noch kälter geworden, aber die Kinder fuhren noch immer fröhlich die Hänge hinunter und lachten und johlten. Sie kümmerten sich nicht darum, dass der kurze Tag sich schon in Nacht verwandelt und dass der Mond die Beleuchtung übernommen hatte. [...] Dicht unter ihm kamen die elektrischen Straßenbahnen vorbei, voll von zeitunglesenden Arbeitern. Das ist etwas anderes, dachte Lang, als wenn man wie ein Strafgefangener sich durch den Schnee hindurcharbeiten musste. Der Berg, der groß und mächtig funkelnd in Tausenden von Lichtern dastand, wirkte wie ein riesiges Haus mit vielen, vielen Wohnungen. [...] Und jetzt kam ein Mann den Hang herab, als wachse er hervor aus dem Ganzen, als komme er heraus aus dem Schatten des Berges und segle in den Mondschein hinein. [...] »Willkommen in Schweden«, sagte er.« Im Norden war Schweden eine Traumfabrik.

FUTURUM

Narvik – 68 Grad Nord – Der Rhythmus der Zivilisation

Selbst Schweden ist endlich, da konnte der Schnee noch so
grell in der Morgensonne glitzern und mit dem Horizont ver-
schmelzen, als sich der Zug vom letzten der Gebäude zwischen
Stadt und Erzgrube löste und die Industriestadt in Richtung
Einsamkeit verließ. Das Abteil war verwaist. Kein Mensch
saß im Zug. Auf einem der Sitze lag lediglich ein Zettel, ein
Computerausdruck, auf dem verschiedene Ortschaften nördlich des Polarkreises aufgeführt waren, neben ihnen stets der
Zeitpunkt des Sonnenauf- und -untergangs in den Wintermonaten. Ich war froh, dass es bis zum zehnten Dezember
noch einige Wochen hin war. Am zehnten Dezember, dem
Tag, an dem sie in Oslo und Stockholm die Grand Hotels bela-
gern und die Nobelpreise verleihen, wird es in Kiruna kein
Tageslicht mehr geben. In Narvik wird man zu diesem Zeitpunkt bereits den sechsten Tag im Dunkel verbringen. Und
Hammerfest... zappenduster zwischen 22. November und
20. Januar. Da hilft es auch nicht viel, dass die Reisebücher von
den weißen Sommern schwärmen, von der Moltebeere und
der Tierwelt Lapplands. Dieses Dunkel prägt die Menschen.
Man muss es aushalten können. Die Sonne, die hinter den
Berggipfeln hervorbrach, war nicht von langer Dauer. Tacka-
tatam-tackatatam-tackatatam-tackatatam. Der Zug arbeitete
sich in Richtung Westen voran, auf denselben Schienen, auf
denen auch die Erzbahn ihre schwere Fracht bis hinunter zum
Meer bringt. Tackatatam-tackatatam. Das war der Rhythmus
der Zivilisation. Vor den Abteilfenstern, auf denen Eisblumen

klebten: dürre Bäume, scharfe Felsen, ein weißer See. Sonst nichts. Wäre da nicht hin und wieder eine Siedlung, ein verlassener Campingplatz, ein Auto auf der Straße, das sich ebenfalls durch den Schnee über die Berge nach Westen kämpfte – ich hätte mich nicht gewundert, wenn der Zug nach einer Weile an einer Klippe gestoppt und der Lokführer ausgestiegen wäre, mit einem nöligen »Endstation« auf den Lippen. Er hielt aber nicht. Er fuhr immer weiter, selbst dort noch, wo sich ein Nest Riksgränsen nannte, die Reichsgrenze.

Die ersten Panzer, die auf diese Grenze zurollten, kamen lautlos. Sie gehörten zu den Truppen »Northlands«, die am Atlantik gelandet und ins Gebirge hinaufgekrochen waren. In der Broschüre, die man den Soldaten ins Gepäck gab, war von einer »friedensbewahrenden Operation« die Rede: Es galt einen Aggressor aus dem Osten zurückzudrängen, mit angelegtem Sicherheitsgurt in den Fahrzeugen und unter strikter Rücksichtnahme auf die Natur. Einen Aggressor im Osten? Niemand wagte es, die Chiffren »Northland« und »Eastland« in diesen Wintertagen aufzulösen. Der Einsatz am Polarkreis, an dem 8500 Soldaten aus 14 Nationen teilnahmen, war eben nur Teil eines NATO-Manövers, das sich – wie schon die Manöver in den Vorjahren – »Cold response« nannte. Es war nicht schwer, die Szenarien dieser Übungen zu übersetzen. Die ersten von ihnen waren noch vergleichsweise konventionell: Im Mittelpunkt von »Cold response 2006« stand ein Erdbeben, das Unruhen in einem fiktiven Land auslöste, »Cold response 2007« spielte ein Szenario durch, das an den Kosovo-Einsatz angelehnt war. Bei »Cold response 2009« aber, dem Manöver, das anderthalb Jahre nach Russlands Tauchfahrt zum Nordpol stattfand, drehte sich alles um ein Land, das die wertvollen Energie-Ressourcen seines Nachbarn ins Visier genommen hatte. Wer sich im Ernstfall hinter dem Aggressor verbergen konnte, wurde allerdings nicht ausgesprochen, obwohl die Codierung in diesem Fall kaum smarter war als die Codierung, hinter der in den sechziger Jahren die Amerikaner die Invasion Cubas durchspielten – die Militärs nannten ihre Planspiele damals allen Ernstes »ORTSACC«. Auch auf die Frage nach der Übersetzung des Szenarios von »Cold response 2010« kreiste der Finger nur wie ein Jagdflugzeug über dem zerklüfteten, von einer einzigen Straße und einer einzigen Bahnstrecke durchbrochenen Bergland zwischen Torneträsk bei Kiruna und Lödingen, einem winzigen Hafenort auf den Vesterålen. Deutungen aber überließ man anderen.

Wo lag »Eastland«, der Nachbar, der eines Tages vielleicht bis zum Atlantik vorstoßen konnte, wo es einen Hafen und die Aussicht auf Öl und Gas gab?

Die Karte war da eindeutig: Im Osten der Panzer, die sich von Norwegen aus den Berg hinaufkämpften, lag Schweden. Das friedliche Schweden freilich dürfte mit »Eastland« kaum gemeint gewesen sein. Militärische Spannungen zwischen Norwegen und Schweden hat es eigentlich nur im Sommer 1905 gegeben, als sich Norwegen per Parlamentsbeschluss aus der Union mit Schweden löste, und Narvik, die Hafenstadt am Atlantik, wurde von Schweden allenfalls über die Namenspolitik der Ikea-Kataloge besetzt. »Cold response« funktionierte nur mit Russland im Hinterkopf. Die Russlandfurcht, deren Wurzeln bis in die Jahre der Nordischen Kriege zurückreichten und die Ende des 19. Jahrhunderts fast den Bau der Bahnstrecke zu den Erzgruben von Gällivare und Kiruna blockiert hätte, weil Finnland noch zum Zarenreich gehörte, ist im Norden keineswegs verschwunden. Sie wurde ja auch immer wieder genährt. »Wenn auch die Sowjets keinen Wert auf eigene Verwendung des Lapplanderzes legen würden«, hieß es vor dem Zweiten Weltkrieg in der deutschen Propagandaschrift »Russlands Griff um Nordeuropa«, »so könnte doch die Unterbrechung des Exportes oder der Erzförderung sich für die Benachteiligten [Europas] außerordentlich fühlbar auswirken. Das Abstoppen der Erzausfuhr ist ja auch unmittelbar ohne Verletzung schwedischen Hoheitsgebietes möglich, wenn nämlich Nordnorwegen bis herunter nach Narvik in russischer Hand wäre und der schmale Durchlass zwischen Åland und der schwedischen Küste von den roten Streitkräften kontrolliert würde. […] Es kann heute keinem Zweifel mehr unterliegen, dass der kommunistische Imperialismus offensive Absichten im hohen Norden Europas hegt.« Veröffentlicht wurde die Propagandaschrift 1938, zwei Jahre vor der »Operation Weserübung«, in deren Zuge deutsche Truppen im April 1940 Dänemark und Norwegen besetzten. Zu den enthaltenen Abbildungen zählten Aufnahmen des Erzberges von Kiruna, der Erzbahn bei Riksgränsen und ein Erzfrachter im Hafen Narviks.

Wie rasend schnell doch die alten, nach Ende des Kalten Krieges abgeflauten Ängste reaktiviert werden konnten, sobald Russland Anfang des einundzwanzigsten Jahrhunderts wieder in der Arktis Präsenz zeigte! Womöglich dachten nordische Militärs auch wieder intensiv über die unterirdische Flottenbasis bei Stockholm nach, die in den fünfziger und sechziger

Jahren entstand und mit geheimen Tunneln und Felshallen jeden Bond-Film alt aussehen ließ.

Dabei war Russland auch eine gewaltige Chance. Mein Zug stieg, nachdem er das verschneite schwedisch-norwegische Grenzland durchquert hatte, an einen Fjord ab, in dem noch immer Überreste der deutschen Okkupationsflotte von 1940 zu finden sind. Narvik, das war die Endstation der Erzbahn aus Kiruna, die auch heute mit hunderten von Loren bis zum Ufer dröhnte, um sich nach 170 Kilometern Fahrt in ein bereitgestelltes Schiff zu werfen. Die Stadt empfing mich ohne jedes Lächeln: eine Kleinstadt am Industriehafen, zerteilt vom Braun der Schienen, entfärbt vom Grau der Verwaltungsbauten, widerwillens ausgerichtet auf ein modernes, amerikanisch anmutendes Einkaufszentrum. Einige Unternehmer, das hatte man mir schon in der Hotelbar von Kiruna erzählt, träumen hier weiter: von einer Ära, in der Narvik nicht bloß die eisfreie Alternative und Ergänzung zum schwedischen Erzhafen in Luleå ist, sondern ein hochgeschätzter Umschlagpunkt für den Verkehr zwischen Amerika, Russland und China. Und damit meinten sie vorerst den Landweg, nicht die Nordostpassage, den einst unpassierbaren Seeweg entlang der russischen Küste, den wenige Monate vor unserer Ankunft am Polarkreis die Frachter »Beluga Fraternity« und »Beluga Foresight« durchquert und in stolzen Pressemitteilungen als »erste kommerzielle Durchfahrt« gefeiert hatten.

Auch die Nordostpassage ist sicher nicht uninteressant. Ein Sprecher des Auswärtigen Amts in Berlin erklärte es mir: »Das Packeis der Arktis schmilzt in atemberaubendem Tempo. Nach Schätzungen des National Snow and Ice Center in Boulder ist eine packeisfreie Arktis bereits im Sommer 2030 vorstellbar.« Er ging davon aus, ein »im Sommer eisfreier Arktischer Ozean« könne »die großen Arktisschifffahrtsrouten zu gegebener Zeit kommerziell befahrbar machen«, fürchtete allerdings, dass sich »diese Veränderungen« (damit meinte das Amt neben dem Tauwetter offenbar auch den mit einer Öl- und Gasproduktion in der Arktis verbundenen CO_2-Ausstoß) auf die »lebenswichtige globale Wind- und Ozeanzirkulation« auswirken könnten. Ähnlich zwiespältig waren die Erfahrungen, die erste westliche Schiffe auf der Strecke sammelten. Die Nordostpassage, sagten sie, könne den Frachtweg von Europa nach Osten um etwa ein Drittel reduzieren. Die in Bremen ansässige »Beluga Group«, eine renommierte und auf Schwergutladung spezialisierte Reederei, bezifferte die eingesparten Kosten ihrer Tour auf 300.000 Dollar pro Schiff und sprach, wie das im Herbst des Klimagipfels von Kopenhagen so üblich war, von einem auch ökologisch relevanten Ergebnis. War das Nordpolarmeer »das Mittelmeer von morgen«? So einprägsam hat es Ernst Herrmann 1949 formuliert, ein Geograph, der in der deutschen Öffentlichkeit als Arktis-Forscher bekannt war und vor dem Krieg an der »Deutschen Antarktis-Expedition 1938/39« teilgenommen hatte; eine spannende, fast vergessene Episode der deutschen Expansionspolitik, in der Inbesitznahme von »Neuschwabenland« per Flaggenabwurf mündete. Dieser Mann wusste, wovon er schrieb, als er sich nach dem Krieg für neue Handelsrouten, den Aufbau eines neuen Flugstreckennetzes und die »Großverkehrswege der Zukunft im Polargebiet« interessierte. Er gab allerdings auch zu bedenken: »Die Kräfte der arktischen Natur sind nur zum kleinsten Teil berechenbar und immerhin so groß, dass die auch im stärksten Maße gesammelte menschliche Kraft dagegen nur ein willkürlich hin- und hergeworfener Spielball ist [...] wenn sich nicht die Natur selber, das Klima, grundlegend ändern sollte [...].« Hat sich das Klima heute, ein halbes Jahrhundert später, bereits genug verändert?

Rune Arnøy, der Hafendirektor von Narvik, hat vermutlich recht, wenn er zu bedenken gibt, die Nordostpassage werde noch auf Jahre schwierig bleiben, »und das nicht nur, weil das Eis vorerst nur im Sommer für einige Wochen aufbricht.« Problematisch erscheint vor allem der Sicherheitsaspekt, und damit ist nicht nur die Sicherheit der tollkühnen Frachterbesatzungen gemeint. Russland, sagte Arnøy, habe eine unvorstellbar lange Küste im Norden. Bislang sei sie mehr vom Eis als von eigenen Truppen verteidigt worden. »Der Aufwand wäre gewaltig, diesen Schutz zu ersetzen und zugleich auch den Schiffsmannschaften bei etwaigen Unfällen Schutz geben zu können. Solange dies nicht gewährleistet ist, werden die Russen kaum einen zahlenmäßig bedeutenden Verkehr vor ihrer Nordküste erlauben oder erleben.« Zudem blieb ein solcher Verkehr vorerst eine Frage des Aufwandes. Die »Beluga Group« war noch im Jahr zuvor an der russischen Bürokratie gescheitert, sie konnte erst aufbrechen, nachdem Genehmigungen des Landwirtschaftsministeriums, des Verteidigungsministeriums, des Geheimdienstes und der Regierungen vorlagen, und nach der Begegnung mit den ersten Eisbergen wurde sie vorsichtshalber ab 70° 20' Nord 170° 00' Ost von russischen Atom-Eisbrechern begleitet. Wohl auch deshalb legten die russischen Kapitäne der Beluga-Frachter Wert darauf, die

Ehre für die erste Durchquerung der Passage nicht für sich zu beanspruchen. Diese Ehre gehört der »Sibiryakov«, dem nach einem Goldminenbesitzer benannten Frachter, der die Route im Sommer 1932 ohne Überwinterung bewältigt hatte. Die Schiffe der »Beluga Group« waren die ersten ausländischen Handelsschiffe, die hier Erfolg vermelden konnten.

Arnøy strich sich durch den Bart. »Bis diese Route wirklich interessant wird,« sagte er, »wird es wohl noch etwas dauern«. Es war Nachmittag. In Narvik war es nicht ganz so frostig wie in Kiruna, knapp Null Grad nur. Aber ähnlich dunkel. Fagernesvejen 2. Ein Büro mit weißem Biedermeier-Vorhang. Arnøys Leute saßen vor schwarzen Fenstern, auf der einen Seite sahen sie den Schatten des Berges, auf der anderen ein schwarzblaues Meer, in dem die Lichter eines Erzfrachters wie Nebellampen leuchteten. »Kaffee?« Arnøy führte mich durch einen Flur, in dem alte Fotografien hingen, und nahm vor einer Gemäldegalerie Platz, einer Ahnengalerie mit lauter Kapitänsmützen. »Okay, die Nordostpassage also,« erklärte er, »der Blick auf die Karte an sich ist nicht falsch. Nur müssen wir dabei an die Eisenbahnverbindungen denken, vor allem an die transsibirische Eisenbahn, und zwar so, wie man dies schon beim Bau der Erzbahn für Kiruna dachte: als Möglichkeit, von hier aus über Petersburg und Moskau auch Wladiwostock und Peking erreichen zu können.«

Karten. Eisenbahnen. Staatengrenzen. Das war das Vokabular des eisenhämmernden, dampfenden 19. Jahrhunderts, in dem fortschrittsgläubige Norweger die »Nordlandsbanen« ab Trondheim planten und insgeheim von einer Verlängerung der Strecke in den Osten träumten. Die »Nordlandsbanen« ist allerdings eine traurige Geschichte. Während auf schwedischer Seite 1937 die »Inlandsbanen« eingeweiht wurde, die bis Gällivare gelangte, so dass über sie später deutsche Soldaten Russland erreichen konnten, kamen die Schienen in Norwegen in einem halben Jahrhundert bloß knapp an den Polarkreis heran. Das gigantomanische Vorhaben der deutschen Besatzer, die Lücke zwischen Mosjøen und Fauske und Narvik ab 1940 mit dem Bau einer »Polarbahn« zu schließen (die nach anderthalb tausend Kilometern ähnlich der ausgebauten »Reichsstraße 50« auch Kirkenes und damit den finnischen Nickelhafen erreichen konnte), bedeutete für abertausende Gefangene aus Osteuropa ein blutiges Kapitel Sklavengeschichte – ein düsteres Echo auf den mit deutschen Kriegsgefangenen vorangetriebenen Bau der Murmanskbahn im Ersten Weltkrieg. Die »Nordlandsbanen« jedenfalls endet heute im schmucklosen Hafen von Bodø oder bereits in Fauske, Schiffe und Reisebusse übernehmen den Weitertransport durch offene See und schmale Straßen. Initiativen, die Schienen doch noch zu verlängern und den Stahl durch neue Tunnellandschaften in den schier unzugänglichen Norden zu treiben, kamen über das Planungsstadium nie hinaus. »Tromsø jernbanestasjon« ist heute in der abseitigen, dank seiner Universität aber größten Stadt Nordnorwegens nur eine kultige Kneipe, die sich als Bahnhof präsentiert und die Abfahrten nach Murmansk und Kautokeino ausruft, als stünde der Zug bereits auf den Gleisen.

Die 1902 in Betrieb genommene Erzbahn ab Narvik hingegen, die sich durch zwanzig Tunnel den steilen Weg nach Kiruna erkämpfen muss, ist keine traurige Geschichte. Sie endet weder in Lappland noch am vereisten Bottnischen

Meerbusen. Theoretisch endet sie in China – oder praktisch, der Unterschied mag aus nordskandinavischer Sicht angesichts der enormen Distanz zu den skandinavischen Metropolen ein geringer sein, auf der Höhe von Oslo und Stockholm. Zugegeben, China klingt revolutionärer als Oslo. Per Zug allerdings schien Oslo von Narvik aus bis zum Ende des Kalten Krieges kaum erreichbar zu sein. Der Kalte Krieg, der die Welt in zwei große Militärblöcke zerteilte, bestimmte eben nicht nur die Bedeutung der Grenzen nach Osten, sondern auch derjenigen zwischen den Staaten Europas. Norwegen hatte sich damals für die NATO entschieden, die in Nordnorwegen wichtige Stützpunkte besaß, Schweden und Finnen hingegen suchten neutral zu bleiben. Grenzüberschreitende Infrastruktur- oder Transportprojekte waren da keine Selbstverständlichkeiten. Nach dem Kollaps der Planwirtschaften im Ostblock entkrampfte sich die Situation. Europa wuchs noch stärker zusammen als ohnehin schon, Grenzen zwischen Staaten wie Norwegen und Schweden spielten kaum noch eine Rolle. Damit wurde der »Arctic Rail Express« möglich, ein Güterzug, der die schmale norwegische Straße entlasten konnte, die den Norden und den Süden des Landes verbindet. Von den frühen neunziger Jahren an setzte sich dieser Zug von Oslo aus in Richtung Schweden in Gang, um in einem großen Bogen – nach einer Tagesreise erst in Richtung Osten und dann in Richtung Norden – über Kiruna Narvik zu erreichen. Und umgekehrt, natürlich. Der Arctic Rail Express war einer der Belege dafür, wie sehr das Denken in nationalen Grenzen, in nationalen Eisenbahnverbindungen und nationalen Häfen aufbrach. Narvik, entnervt von der Abhängigkeit von der schwedischen Erzindustrie, von den konjunkturellen Achterbahnfahrten der Vergangenheit, fühlte sich mit einem Male wie befreit. Es wollte die Dinge umkehren, nicht mehr Endstation, sondern Anfang sein. Der legendäre »eisfreie Hafen«, der im Jahrhundert der Kriege und der Sowjetfurcht noch jedes Schulbuch zur geostrategischen Ertüchtigung bereichert hatte, konnte bei diesem Unterfangen zum Markenzeichen gereichen.

»Vom Norden als Zukunftsregion war damals natürlich noch nicht die Rede«, Arnøy stand vor der Ahnengalerie der Hafendirektoren und grinste und hustete, beides gleichzeitig. »Das lag vor allem daran, dass sich das große Geschäft mit Öl und Gas noch unterhalb des 62. Breitengrads abspielte.« In Narvik nannten sie ihre städtische Entwicklungsgesellschaft trotzdem Futurum, und Futurum erarbeitete ab 1997 ein Projekt, mit dem die entscheidende Schwäche aller Eisenbahnträume vom Osten überbrückt werden sollte: Der Warenverkehr über Narvik war eine Einbahnstraße, solange nicht an beiden Enden der Schienen Märkte vorhanden waren. Folglich musste man globaler denken, die Häfen in Kanada und im Norden der USA in das Transportkonzept mit einbeziehen – und daran erinnern, dass die Welt eine Kugel ist, bei der die Verbindungen von West nach Ost und Ost nach West umso kürzer geraten, je weiter nördlich man zu ihnen aufbricht.

Überlegungen wie diese führten zur Geburt des Projektes North East West Freight Corridor (N.E.W.), des aktiven Einstiegs Narviks in die Geometrie der Macht. Arnøy hustete: »Wie das so ist: Heute wissen wir, dass wir damals zu wenig wussten. Wir mussten noch viel lernen.« Er zog den Anorak an, um uns zum Hafengelände zu bringen. Er wollte mir zeigen, dass er sich weiter auf die große Zukunft vorbereitete: mit neuen Kränen und Mauern. Der Mond, der über dem Wasser stand, war so groß, dass man ihn von den Bergen über der Stadt aus per Leiter hätte erreichen können.

Der entscheidende Mann für das Eisenbahn-Projekt saß nicht im Hafen, sondern einige hundert Meter stadteinwärts. Ein winziges Büro an der Dronningens Gate. In den Regalen stapelweise Reisetrophäen aus China, Russland, Amerika. Auf dem Schreibtisch Fachbücher, zwei Rechner und stapelweise Papier. Im Nebenzimmer: eine Eisenbahnkarte aus russischen Beständen, wie sie in dieser wandfüllenden Größe sonst eigentlich nur im Kreml hängen dürfte. Stig Nerdal, der Mann mit dem Schnurrbart, schien ein hemdsärmeliger Typ zu sein, einer, der anpacken wollte und so überzeugend reden konnte wie ein amerikanischer Gebrauchtwagenverkäufer. Ich sah ihn nicht sofort, als er auf mich zukam. Das Büro war sehr warm und die Brille daher ewig beschlagen. Ich verstand aber sofort, warum Männer wie er eine Kleinstadt in Unruhe versetzen können: Sie sind einfach zu überdurchschnittlich geladen mit Ideen und Energie. »800 Vorträge«, sagte Nerdal, »Ich glaube, ich habe zu diesem Thema an die 800 Vorträge gehalten, in aller Welt. Um dann, als die Sache Formen annahm, doch nur festzustellen, dass dies alles wenig nützt, wenn in der Heimat nicht alle Beteiligten an einem Strang ziehen.« Es gab Zeiten, in denen Narvik von großen Güterzügen nach Osten nichts mehr hören wollte.

Was genau damals geschah, verriet er nicht. Nerdal legte sich als Vater des NEW-Projektes offenbar mächtig ins Zeug. Ständig hielt er eine Nordpol-zentrierte Karte parat, auf der sich die Route von Nordostamerika nach China dank der Eisenbahnlinien zwischen Narvik, Nordschweden und Finnland und der Anbindung Finnlands an das russische Eisenbahnnetz als Rennstrecke nach Asien erwies. Er reiste zu Häfen und Unternehmen im Norden Amerikas, um ihnen von Narvik als Tor nach Osten zu erzählen und Handelspartner zu gewinnen. Er reiste nach Moskau, zu surrealen Konferenzen mit Ministern und Eisenbahnern, bei denen er, ein Mitarbeiter von Futurum und ein Kollege von der finnischen Eisenbahn zwei Dutzend steifen Russen gegenübersaßen, die ständig flüsterten und synchron nickten und noch ganz in der alten Sowjetkultur verhaftet waren. Er schaffte es vor allem, dass sich die International Union of Railways, der internationale Eisenbahnverband, der Sache annahm. Und er organisierte in Narvik eine Konferenz mit über hundert Teilnehmern aus aller Welt, die unter den 18.000 Einwohnern einen ungeheuren Wirbel auslöste: »Spätestens jetzt waren alle mit von der Partie: die Amerikaner, die Russen, die Chinesen, die skandinavischen Eisenbahnen sowieso. Die Euphorie in Narvik war so groß, als seien wir drauf und dran, als Hafen nicht nur den baltischen Häfen, sondern auch Rotterdam und Hamburg den Rang abzulaufen« In einem Projektplan hieß es bescheidener: »Der NEW Corridor ist eine Transportalternative für einen wachsenden weltweiten Containermarkt, auf dem das Frachtvolumen schneller wächst, als die zugehörigen Lösungen geschaffen werden können.« Der NEW Corridor würde außerhalb der Ballungsgebiete Europas, Asiens und der USA operieren. Das war der Reiz. Selbst Handelsketten wie Wal-Mart interessierten sich für das Projekt.

Dann aber, Anfang 2007, weigerte sich die norwegische Regierung, die notwendigen Testfahrten zu finanzieren. Auf einmal war von unzureichenden Marktanalysen, unzureichend risikofreudigen Privatinvestoren und ungeklärten Problemen die Rede. Offenbar waren die bürokratischen und politischen Hürden des Unternehmens noch immer hoch und die Signale der Großstädter, dem Norden unter die Arme greifen zu wollen, in Oslo reichlich vorschnell gegeben worden. Womöglich war auch der Hafen von Narvik für den Ansturm noch nicht bereit, so wie auch der Eisenbahnstrecke bei aller Modernisierung einige elektrifizierte Abschnitte und eine einfache Lösung für den Wechsel auf die russische Spurbreite fehlten. Und vielleicht steckte in den Köpfen eben doch noch ein Stück des alten, des unberechenbaren Russlands und zu wenig Vertrauen in eine Europäische Union, zu der Norwegen (bis heute) Distanz hält. So richtig herauszubekommen war das nicht. Es gab sogar Gerüchte, der Geldadel aus dem Süden habe seine Finger im Spiel gehabt, um den Markt seiner Reedereien zu schützen. Der Schock jedenfalls saß tief. Das Projekt sackte genau in dem Moment in sich zusammen, in dem es Fahrt aufnehmen sollte. Dabei hatte der norwegische Außenminister Jonas Gahr Støhre noch im August 2006 von der Zugverbindung von Asien nach Narvik als wichtige politische Vision und von »enormen wirtschaftlichen Interessen« gesprochen! Politiker eben, sagten die Leute auf der Straße.

Doch wer weiß. Erstens brauchte die Politik ja auch ihre Zeit, als einst die privaten britischen Investoren, die den Bau der Erzbahn vorangetrieben hatten, in die Knie gingen und

Parlamentarier mit Mut gefragt waren (es waren am Ende auch deutsche Abnahmegarantien, die das Wagnis kalkulierbarer machten). Und zweitens sind Denkpausen grundsätzlich natürlich nie verkehrt, so schmerzhaft sie auch sein mögen. »Wir wurden«, diesen Satz sagte auch Rune Arnøy, als der Mond so groß über dem Wasser hing, »zum Neustart gezwungen, und diese Chance haben wir begriffen. China und Amerika bleiben die Vision. Jetzt aber wollen wir es erst einmal bis Russland schaffen oder ins Baltikum, und wir glauben, dass wir das am ehesten in Zusammenarbeit mit den anderen Häfen der Region hinbekommen.«

Der Traum ist noch da. Und für seine Verwirklichung könnte es stärkere Partner geben als jemals zuvor. Man musste nur die kleinen, die wirklich wichtigen Zeitungsmeldungen lesen. Die Deutsche Bahn etwa ließ mit Blick auf den Personennahverkehr unlängst mitteilen: »Die Strecken in der Provinz Norrland verbinden unter anderem die Städte Sundsvall, Umeå, Luleå sowie Kiruna und erschließen damit die wichtige Erzabbauregion im äußersten Norden Schwedens. Zwei Linien führen nach Norwegen nach Trondheim bzw. Narvik.« Eine Schlagzeile des »Barents Observers« wiederum verriet über Nordschweden und Nordfinnland: »New Mining might boost arctic infrastructure«. Beide Meldungen klangen nach einem Versprechen, nach einer neuen Ära, in der vieles von dem denkbar sein konnte, was Narvik sich erhoffte. Tackatatam, tackatatam. Nur läuft die Hoffnung finnischer und schwedischer Unternehmer, einen Hafen am Atlantik erreichen zu können, nicht zwangsläufig auf Narvik hinaus. Angedacht und als »europäische Anbindung nach Norden« vermarktet

wurden auch neue finnische Verbindungen nach Kirkenes –
oder von Orten wie Kolari aus, an denen Firmen wie »Northland Ressources« ein »zweites Kiruna« prophezeiten, in
Richtung Skibotn, einem gottverlassenen Nest am Lyngenf-
jord, in dem bislang nur kleine Schiffe vor sich hin dümpelten.

Zumindest für Stig Nerdal, den Geostrategen der Bera-
tungsfirma »Transportutvikling«, geht das alles in Ordnung,
auch das Geld, das die Europäische Union für den Ausbau der
Infrastruktur im Norden zur Verfügung stellte. Hauptsache, es
wird weiter an den Verkehrswegen gearbeitet, die als Voraus-
setzung für neue wirtschaftliche Aktivitäten im Norden unab-
dingbar waren. Er selbst wurde über die Jahre zu einem weltweit gefragten Experten für so genannte »Transportkorridore«.
Er eröffnete eine Filiale in Bodø, er beugte sich auch in Asien
und Arabien mit seinen Auftraggebern über die Karten: für
einen Nord-Süd-Korridor etwa von Russland zum Indischen
Ozean. Doch auch der Idee des Ost-West-Korridors bleibt er
treu, nur dass die Kleinstädter von Narvik zunächst einmal
schlucken mussten: Stig Nerdal, der Mann mit dem Drive,
schien nach der Atempause der Norweger nun vor allem im
Auftrag der Russen zu arbeiten. Verstanden zu haben scheint
man das nur zögerlich. Oder anders gesagt: Man griff Nerdals
Arbeit für Murmansk, je mehr von ihr aus russischen Medien
kolportiert wurde, etwas voreilig als Todesstoß für die eigenen
Pläne auf, so wie man achselzuckend auch Nachrichten kommentierte, Deutschland wolle eine Güterzugverbindung zwischen Hamburg und Peking betreiben. »Die Russen haben die
Modernisierung gezielt vorangetrieben«, sagte Nerdal dazu
nur knapp, als ich vor der großen Russland-Karte in seinem

Büro stand. Er zeigte stumm nach Norden, in die Barentssee, wo die Russen in diesen Jahren gewaltige Gasvorkommen
zu erschließen begannen. Er mochte die Russen, keine Frage.
Über die Jahre schloss er persönliche Kontakte, er lernte die
russische Geschäftskultur mit ihren Eigenarten kennen. Für
ihn war es selbstverständlich, auf diesen Erfahrungen weiter
aufzubauen: »Dass es große Chancen für den Norden gibt«,
sagte er, »steht außer Frage. Aber man muss realistisch bleiben
und zusammenarbeiten. Man kommt am ehesten voran, wenn
man zusammenarbeitet.«

Und dann war es ja auch nicht so, als sei er übergelaufen.
Nerdal war vielmehr zu besessen von der Idee, dem Norden
über den Ausbau der Infrastruktur zu einem Aufschwung
zu verhelfen –so wie in den 1890ern die Einrichtung einer
hochsubventionierten Dampfschiff-Verbindungen zwischen
Bergen und Kirkenes und der anfangs mit NATO-Mitteln
finanzierte Bau kleiner Flughäfen nach dem Weltkrieg.

Kurz nach unserem Treffen brach Nerdal zu einem Vortrag nach Helsinki auf. Sein Thema: die »Eismeerbahn« von
Finnland in Richtung Atlantik. Er zeigte eine Landkarte der
Barentsregion, auf der die Häfen Narvik, Skibotn, Kirkenes
und Murmansk hervorgehoben waren, während die nördliche Ostsee, Finnland und der östliche Teil der Halbinsel Kola
schraffiert waren – »Ice challenges« stand darüber geschrieben.
Er unterlegte eine grafische Darstellung Islands mit dem Zitat
eines Alcoa-Managers, eines amerikanischen Aluminiumriesen, der auch in Mosjøen in Nordnorwegen ein großes Werk
unterhielt: »I think its a good idea to link the Murmansk deep
sea route to Reydarfjordur«. Er zeigte Karten, auf denen die

Häfen von Richmond und Boston in den USA, in Halifax und Argentia in Kanada, Nuuk in Grönland und Torshavn auf den Faröern markiert waren, andere Karten, die der Nordostpassage von Hamburg nach Yojohama folgten, Karten, die auch die Bedeutung der Ostseehäfen nicht vergaßen. Und auf einer dieser vielen Erdbeobachtungen, die vor dem Publikum aufleuchteten wie die Konturen einer völlig neuen Welt, war auch eine finnische Verbindung von Skibotn nach Helsinki wie der »Arctic Rail Express« von Narvik nach Oslo mit dicken schwarzen Pfeilen markiert – die eine Route als Weg nach Europa, das emsig daran arbeitet, Landverbindungen nach Skandinavien zu schaffen, die andere nach Russland.

Es gibt mehr Möglichkeiten, als man denkt. Stig Nerdal mag diesen Satz. Selbst in Zeiten der weltweiten Finanzkrise, die Narvik und andere norwegische Gemeinden böse erwischte, da sie ihre öffentlichen Mittel in spekulativen Fonds geparkt hatten, blieb er Optimist. Anders gehe es nun einmal nicht, lachte er, wenn man im Norden leben wolle.

Wie schade nur, dass er es angesichts der klimatischen Verhältnisse für verfrüht erachtete, auch schon vom kanadisch-russischen Projekt »Arctic Bridge« zu reden. Es war darauf angelegt, den Hafen von Murmansk einmal mit jenem von Churchill in der kanadischen Provinz Manitoba zu verbinden und wäre auch für Narvik nicht uninteressant. Denn von Churchill, einem Ort, der vorerst noch stärker für seine Eisbärkolonien als für die »Hudson Bay Railway« bekannt ist, könnte der Weg in einigen Jahren frei sein, um bis zu den Kornfeldern und Minen Kanadas und in die amerikanische Seele vorstoßen zu können: in den Mittelwesten, der im 19. Jahrhundert von so vielen skandinavischen Auswanderern erschlossen worden war, dass sich jeder dritte Bewohner Minnesotas heute als Scandinavian American definiert.

Was diese Menschen antrieb, war die Hoffnungslosigkeit daheim. Was sie anlockte, war das Versprechen des »Homestead Acts«, in der von Eisenbahnen und Minenarbeitern erschlossenen Fremde ein Stück Land abstecken und bewirtschaften zu dürfen. Der amerikanische Traum. Ich dachte noch daran, als ich durch die Lichter des Feierabendverkehrs die Straße hinaufkam, schnurstracks im Dunkeln auf den Imbiss zu, den Kreisverkehr an der Kellerbibliothek, die Brücke, die über die Erzbahngleise hinüber ins Narvik der Holzhäuser führt. Die Wege dort hießen nach einigen Metern nicht mehr »Industrievej« oder »Malmvej«, »Industrieweg« oder »Erzweg«, sie trugen Namen wie »Villenweg«, »Blumenweg« und »Parkweg«, wie »Fasanweg« und »Adlerweg«, und auch die Zuwanderer, die vor mir liefen, spazierten pfeifend darauf zu, als gäbe es keinen schöneren Winkel in der Welt als die Provinz Nordland. Die Verzweiflung, in dieser Idylle des Nordens nicht bleiben zu dürfen, war bei einem Asylbewerber im September 2004 so groß, dass er auf dem Flughafen, den Narvik sich mit Harstad teilt, eine Maschine der regionalen Gesellschaft »Kato Air« bestieg, um die Piloten während des Fluges mit einer Axt zu überwältigen und den Flieger auf Bodø zu stürzen. Dass ihn die Mitreisenden überwältigen konnten, führte ein sachkundiger Professor auf typisch nordnorwegische Eigenschaften zurück.

INTO THE WILD
Nyksund – 69 Grad Nord – Die Pioniere

Ssemjon blieb. Und vermutlich stünde auch Karl-Heinz in stillen Nächten wie diesen auf dem Hügel oberhalb des Ortes, um den Wellen zu lauschen und den Wind zu spüren und die Dunkelheit über dem Meer. Einfach so.

Drei dunkle Meldungen aber warf das Archiv der Lokalzeitung »Lofotposten« aus, als ich den Namen »Nyksund« in die Online-Suchmaske eingab. Die erste erzählte von einem alten Fischer, der vor der Außenseite der Vesterålen verschollen war, bis sie an den Stränden nach ihm zu suchen begannen. Die zweite berichtete von einem Verzweifelten, der vor Jahren bereits das Sozialamt in Myre angezündet hatte; er hatte seinen Wagen an der Küstenstraße geparkt, um sich mit den Abgasen umzubringen, und als ein Polizist ihn fand, rastete er aus. Die dritte Meldung stammte aus dem Dezember 2001 und war vergleichsweise klein. »34-Jähriger starb bei Arbeitsunfall«. Die Meldung erschien wenige Stunden, nachdem ein junger Mann namens Karl-Heinz Nickel in Nyksund in eine Grube gestiegen und von Erdmassen verschüttet worden war.

Dieser Dezembertag war womöglich der Moment, an dem das alte Nyksund verschwand oder zumindest das, was man heute für das alte Nyksund hält, die »Geisterstadt« auf den Felsen im Nordmeer. »Denn Karl-Heinz, sagte Ssemjon, »der war ein Pionier. Was er an diesem verfallenen Ort mit bloßen Händen leistete, ist mit Worten nicht angemessen beschreibbar.«

Nickels Eltern sagten am Telefon bloß: »Wo fangen wir nur zu erzählen an? In Rommerskirchen, der Gemeinde mit den

Kraftwerken am Horizont? Bei seiner Ausbildung zum Flug-
zeugmechaniker, die Karl-Heinz machte, ohne damit einen
Arbeitsplatz zu finden, der ihn herausgefordert hätte? Oder gar
bei seinem Großvater, der im Weltkrieg in Narvik stationiert
war und von diesen Jahren immer wieder erzählte?« Sie schrieben mir später einen Brief. An ihn war die Kopie eines maschi-
nenschriftlichen Schreibens von Karl-Heinz geheftet, das aus
dem Jahr 1987 stammte: Ein Aktivurlaub war der Anfang, eine
Einladung, den Sommer in einem verlassenen Nest nördlich
des Polarkreises zu verbringen. Diese Geschichte begann auch
in West-Berlin, in der grauen Großstadt, in der in den achtziger Jahren zwei Millionen Menschen lebten, darunter politisch
bewegte Professoren, Zeitgeist-beseelte Studenten und vor
allem Jugendliche. Letztere galten als schwierig oder wuchsen,
was nicht dasselbe ist, unter schwierigen sozialen Bedingungen
auf, ohne dass diese graue, von einer Mauer durchtrennte Stadt
ihnen Selbstvertrauen, Hoffnung und Ausbildungsplätze
hätte geben können. Um sie kümmerte sich die von Heim-
erziehern und Akademikern im Umfeld der Pädagogischen
Hochschule gegründete »Qualifizierungsvereinigung Berliner
Sozialpädagogen«. Per Zufall war der Verein Mitte der Achtziger auf Nyksund gestoßen, das verlassene Fischerdorf jenseits
des Polarkreises. Seitdem schickte der Verein gemeinsam mit
Jugend-, Sozial- und Arbeitsämtern busladungsweise Jugendliche nach Norden, wo sie an sich selbst, an Umweltprojekten
und an einem verfallenen Dorf arbeiten konnten – im Rücken
alte Speicherfassaden, unter den Füßen morsches Holz, vor
Augen die trügerische See. Ein abenteuerliches Projekt. Es
wollte »so etwas wie ein Modell für eine neue, bessere Welt

sein«, erläuterte der Verein, als er 1988 einen Umweltpreis erhielt. Soziales Erleben, das prägt. Handwerkliches Arbeiten, das qualifiziert. Eine Aufgabe trotz mangelnder Perspektiven daheim. Das war die Idee der »Internationalen Nyksund Stiftung«, und neben Jugendverbänden aus verschiedenen Ländern, neben der Sozialverwaltung Kopenhagen, neben Fachbereichen norwegischer und deutscher Hochschulen und Arbeitsämtern in Norwegen zog damals auch noch die norwegische Kommune Øksnes mit. Myre, der nächste Ort, lag mehr als zehn Kilometer Schotterweg entfernt. Dort stand das Telefon, um das sich einmal pro Woche Pädagogen und Jugendliche scharten. »Ich habe heute ein Fenster eingesetzt, ganz alleine!« brüllte ein Heimmädchen stolz, als sie an einem dieser Abende zurückkamen. Da saß sie auf dem Dachfirst eines der Häuser, in der Abendsonne. Sie war überglücklich und gehörte zu denen, die Nyksund als Chance begriffen.

Karl-Heinz Nickel kam nicht aus Berlin, sondern aus Nordrhein-Westfalen. An das Projekt gelangte er über die Deutsche Gesellschaft für Lebensrettung, die ihre Unterstützung bei der Instandsetzung der Kai-Anlagen zugesagt hatte. »Nach siebzig Stunden Fahrt«, tippte er 1987 in eine Schreibmaschine, »sahen wir am frühen Morgen unser Reiseziel in unberührter Natur fernab jeder Industrie. Nyksund. Erleichterung auch bei unseren drei Busfahrern. Erste Eindrücke nach dem Rundgang durch das Dorf waren überwältigend und für den an Komfort gewöhnten Urlauber ungewohnt. In einer idyllischen Landschaft sahen wir verfallene und zum Teil renovierte Häuser, Solardusche und Plumpsklos. Das Haus, das unsere DLRG-Gruppe zugewiesen bekam, hatte keinen Strom, kein fließendes Wasser und keine Heizung. Geschlafen haben wir auf Matratzen im Schlafsack.« Nach vier Wochen Arbeit war er sicher: »In Nyksund ist eine kleine Welt gefunden worden.« Seine Eltern sagten: »Das hat ihn dann so fasziniert, dass er immer wieder kam und letztlich blieb. Die Ruhe, die Stille, das Licht, und so weiter. Sie wissen schon.«

Ich glaube zu wissen, was gemeint war. Als Teenager hatte ich an einem Jugendlager in Iowa teilgenommen, wollte im Folgejahr an einem ähnlichen Begegnungslager an der amerikanischen Ostküste teilnehmen – und landete statt dessen, per Schiff und Bahn, in einem internationalen Sommercamp am Polarkreis. Die Gastfamilien, die das Camp unter das Motto »Adventure at the Arctic Circle« gestellt hatten, zeigten uns damals nicht nur Fauske, aus dessen Gruben einst der Marmor für die UN-Vollversammlung gebrochen worden war, nicht nur die gelben, verlassenen Bergwerkshäuser von Sultjhelma. Sie zeigten uns einen Gletscher, der sich zurückzuziehen schien, baumlose Ebenen, über die der Sturm pfiff, das Meer des Nordens, in dem es einen Mahlstrom gab. Und Ulf. Ulf war unser Scout. Er war ein ungezähmter Mann, der einen einsamen Berghof gekauft hatte, um dort einen Winter mit Familie und Pferd zu leben wie vor hundert Jahren. Die Jungs bewunderten ihn, als sei er Amundsen persönlich. Die Mädchen himmelten ihn an. So zogen wir tagelang hinter Pferd und Wagen entlang zu seinem Hof hinauf, erfuhren, was die Einsamkeit Nordeuropas mit einem Menschen machen kann, wenn er im Kanu einen Fjord überquert, wenn er im Freien übernachtet, wenn er klares Wasser direkt aus den Bächen trinken kann. Und dann, mitten in der Nacht, schickte Ulf mich alleine zu einer

Bergkuppe vor, die ich für unerreichbar gehalten hatte – nur um die Sonne dort zu sehen, wo sie laut Kinderreim doch nie zu sehen sein soll: im Norden. Die Ruhe, die Stille, das Licht, und so weiter.

Karl-Heinz Nickel ließ Nyksund nicht los. 2800 Kilometer Straße lagen zwischen Rommerskirchen und der Insel Langøya. Er fuhr sie jedes Jahr, solange er bei der Bundeswehr beschäftigt war, er fuhr sie auch dann noch, als die Berliner verschwanden und die »Arbeiterwohlfahrt« Lübeck in Nyksund mit einem Resozialisierungsprogramm schwieriger, straffällig gewordener Jugendlicher begann. Und schließlich blieb er, als sei dies das Selbstverständlichste der Welt. Ganz auf sich allein gestellt. In Nyksund, dem Fischerort von einst, waren sie damals nur zu dritt: ein Fischer, der nicht mehr arbeiten konnte, ein Künstler, der Jesus erwartete, und der junge Mann aus Deutschland, der Häuser reparieren und in der Fischfabrik von Myre anzupacken wusste; das brachte ihm kein schlechtes Geld. In Nordrhein-Westfalen, Kalles erster Heimat, lebten vier Mal mehr Menschen als in ganz Norwegen. Dort teilten sich 500 Menschen einen Quadratkilometer, die Fabriken waren laut, die Autobahnen überall. In der Kommune Øsknes leben heute 14 Menschen pro Quadratkilometer. Und in Nyksund, dem Fischerort im Atlantik, der erst Mitte des Jahrhunderts mit einer halsbrecherischen Straße erschlossen wurde: pfiff nur der Wind.

Ob sich aus Nyksund mehr machen ließ als ein natürlich abgeriegelter Abenteuerspielplatz für Problemkinder? Ein Nukleus zum Beispiel für die touristische Entwicklung, den jeder Lokalpolitiker in Deutschland bei den ersten medienwirksamen Zuckungen ein »Leuchtturm-Projekt« nennen würde?

Das war die Frage, und ich erkannte sie wieder. Es war noch nicht lange her, als sich eine Tagesreise entfernt von hier ein Boot auf die Insel Bengtskär in der Ostsee zubewegte: langsam und still, ein winzig kleiner Kutter. Das Boot hatte eine der Inseln verlassen, die flach wie dunkle Holzscheite auf der Ostsee lagen, und diejenigen, die oben in der Leuchtturmkuppel standen, bemerkten seine Ankunft als erste. Über seinem Aufbau schimmerte schwach eine Lampe, und die zwei reglosen Schatten, die am Steuerrad standen, steuerten im Bogen mucksmäuschenstill auf Bengtskär zu. Eines der Mädchen rannte hinunter. Es nahm eine Leuchte mit, zog die schwere Tür auf und lief der Stelle entgegen, wo die Felsen etwas Schutz vor den Wellen boten. Paula Wilson und ihr Mann Per machten am höchsten Leuchtturm Nordeuropas fest, achtzehn Kilometer vor der Südwestspitze Finnlands. Ohne sie wäre Bengtskär kaum ein so hoffnungslos romantischer Fluchtort im Mondschein, den man am liebsten für sich behalten würde. Ohne sie könnten Touristen nicht sommermüde durch die Fensterkreuze des steinernen Leuchtturmhauses auf die Wellen blinzeln, wären die bunten Wirtschaftshäuschen, das Wohnhaus und die fünfzig Meter über dem Meer thronende Turmkuppel einfach vergessen worden.

Es gab andere Leuchttürme in Skandinavien, die touristisch vermarktet wurden: Die meisten präsentierten sich wie künstlich beatmete Kitschposter aus dem Möbelhandel und boten einen Luxus, der mit dem wirklichen Leben in der Brandung wenig zu tun hatte. Mit Bengtskär war das anders.

Bengtskär war, sobald das Eis auf der Ostsee verschwunden war, nur in einem schaukeligen Taxikahn zu erreichen, der von dem kleinen Küstennest Kasnäs aus eine Stunde lang mitsamt der Koffer und allen Gästen ins offene Meer hinaus tuckerte. Hier bröckelte der Putz von den Wänden, die Matratzen waren weich, jedes Stuhlbein schien aus Treibholz gezimmert, jeder Gegenstand im Regal – Bügeleisen, Töpfe, Bücher, Fotos – aus dem Strandgut herausgefischt zu sein. Auf Bengtskär war ich in die Kulisse eines Abenteuerromans geraten: Die Schären liegen hinter uns, um uns ist nur das Meer, sagten die Mumins einmal, als sie zu einem Leuchtturm segelten: »Ist das nicht ein schöner Gedanke?« Die Ruhe, die Stille, und so weiter. Auch hier.

Manchmal nisteten sich Künstler auf Bengtskär ein, manchmal Manager, manchmal Gruppen in Abendkleidern. Die meisten Leuchtturm-Reisenden aber waren in diesem Sommer wohl Paare jeglichen Alters. Sie streunten leise über eine Insel, deren flache Felsplatten bloß hundert oder zweihundert Meter in das Meer hineinliefen. Sie genossen die dampfenden Mahlzeiten, die man verstreut in den Wohnräumen der ersten Etage einnimmt. Und die Aussicht auf das Meer, die das winzige rote Plumpsklo am Ende der Felsen eröffnet. Mittags liefen Paare Hand in Hand über die Felsen, ohne anderen Gästen zu begegnen. Nachmittags legten sie sich auf die Steine, um die in den Granit eingeritzten Namen von Seeleuten zu lesen, oder sie kletterten mit pochenden Schläfen bis hinauf in den Leuchtturm, zweihundertzweiundfünfzig Stufen. Abends huschten sie nacheinander in die Sauna, um durch die beschlagenen Scheiben die Dämmerung über dem Meer zu beobachten. Und sie zündeten Kerzen auf dem Fenstersims an, weil Geburtstag war oder Hochzeitstag oder Geburtstag bald werden sollte. Gut, dass die Wände aus dickem Stein sind.

Draußen strich an diesem Abend der Wind um das Haus. Paula Wilson, drinnen in der Stube, hatte ein schönes Gesicht. Es war vom Wetter ganz braun, und voller Lachfalten. Sie lachte viel, während ihr Mann nach dem Gerüst sah; von dem aus die Fassade zum hundertjährigen Jubiläum des Turmes aufgebessert werden sollte, und mit einem Freund hatte er seit Wochen die Stangen und Bretter per Kutter von den Inseln herübergebracht. Paula ging erst mal in die Küche, um mit den beiden Studentinnen zu plaudern. Die Mädchen waren im Sommer überall: in der Küche, um den Fisch zu kochen, hinter den Häusern, um den Stromgenerator anzuschmeißen, in den Zimmern, um die Betten zu machen, am Rande der Felsen, um fix und heimlich ein kühles Bad zu nehmen. »Letzte Woche war Sturm«, erzählte die eine von ihnen, »da konnte das Boot mit den Gästen nicht herauskommen.« Und weil kein Boot und keine Gäste kamen, blieben auch die Mädchen hier sieben Tage und Nächte ganz allein. »Hier draußen«, sagten sie, »könnte man auch schnell wahnsinnig werden.« Sie kamen trotzdem jeden Sommer wieder. Sie konnten nicht anders. Das war es, was sie mit Menschen wie Karl-Heinz Nickel in Nyksund verband.

Das war es, was auch Paula und ihren Mann mit Menschen wie Karl-Heinz verband. Die eigentlichen Leuchtturmwärter mit ihren Familien verschwanden auf Bengtskär schon in den sechziger Jahren, als die Lichtschaltung automatisiert wurde. Aus der Technikkathedrale in der Ostsee wurde ein

Geisterhaus, die dunklen Konturen und Bunkerlöcher brachten die Kinder an der fernen Küste um den Schlaf, wenn sie mit dem Boot daran vorbeigezogen waren, und die Gemäuer vermoderten, Jahr um Jahr. Zwar waren es auch auf Bengtskär zunächst verträumte Großstädter, die sich der Gebäude annahmen, eine idealistische Künstlergesellschaft aus Helsinki, die das Gelände in den achtziger Jahren mietete. Die Rettung aber waren nicht sie, sondern Paula. Sie machte sich nach dem Zusammenbruch der Sowjetunion, der eine schwere Wirtschaftskrise in Finnland zur Folge hatte, für die Universität Åbo Gedanken um die Zukunft der Schärenregion: »Die Gegend brauchte ein Ziel, und das war der Tourismus.« Paula packte an. Dank der großen Arbeitslosigkeit gab es genug Arbeiter, die in der Anfangsphase mit anpacken konnten. Sie übernahm den Turm, räumte mit ihrem Mann Per den Schutt aus dem Haus und füllte es in endlosen Stunden mit alten Möbeln. Mit einem Mal fand sie sich in einem Leben wieder, sagte sie, das dem von »Matrosen auf hoher See« nicht unähnlich war. Dabei lebte sie doch kaum anders, drüben, auf einer der kleinen Inseln, die zwischen Bengtskär und der finnischen Südwestküste liegen. Paula Wilson. Den meisten Touristen auf Bengtskär, sagte sie mir, kurz bevor das Boot wieder in die See aufbrach, reiche eine Sommernacht. Dann hole sie die Angst vor der echten Einsamkeit ein. Davor, mit so kleinen Füßen auf so großem Raum zu stehen, mitten im Nichts und zwischen den Wellen.

Ich nickte, als ginge es mir anders. Und doch rutschte mir das Herz in die Hose, als ich mit dem Mietwagen von Narvik aus nach Nyksund aufbrach. Vier Stunden ging es über eine

Landstraße nach Nordwesten, vier Stunden schwarzer Himmel zu schwarzem Asphalt, darauf bloß fahles Licht. Hinter einer Betonbrücke, die mir nach 200 Kilometern Fahrt, bei Sortland über einen Kilometer Wasser hinweghalf, kam ich mir zunehmend verloren vor, hinter Myre mit seinem Plastikwal an der Kreuzung wurde die Strecke noch enger, rauer, einsamer: Behelfsmäßig nur schlängelte sich die Straße nach Nyksund an den Bergrücken entlang wie das Seil eines Extremkletterers, der unbedingt zwischen Brandung und Fels vorankommen möchte. Rechts schoss der Fels nach oben, links schoss er steil nach unten, und wenn jetzt Sturm aufkäme oder wieder Felsen herausbrächen ... Zwanzig Minuten bangte ich um die Versicherungskaution, bei zwei Grad Minus. Dann ertasteten die Scheinwerfer die Umrisse einer geschwungenen kleinen Mole, dahinter entblätterte Häuser, verriegelte Fenster, ein dunkles Stück Hafen, wie mir schien, dann eine weitere, sehr schmale Mole, hinter der es zwischen Felsen auf eine zweite Insel ging. Bis ein alter Kombi im Weg stand, ein alter Kombi mit geflicktem Fenster. »Holmvik Brygge« stand auf dem handgepinselten Schild. Ich wagte es kaum, den Motor abzustellen. Die Treppen, die gleich unterhalb der Wagentür in die Gebäude führten, steil vom Kieselweg hinab, waren die Treppen aus dem Thriller »Insomnia«, einem psychologisch raffinierten Kriminalfilm um einen Mädchenmörder, der in norwegischer Regie so packend und erfolgreich geriet, dass ihn Hollywood mit Al Pacino und Robin Williams in den Hauptrollen kopierte und den Ort des Geschehens von Nordnorwegen nach Alaska verlegte. Das weiße Haus, im Film das Refugium des Täters, thronte über der linken Schulter. Es lag

wie »Holmen Brygge« auf der südlichen der beiden Fassaden-
reihen, die sich am Hafen gegenüberstanden. Zur Seeseite hin
wurden sie von einer Mole geschützt, nach Osten hingegen
war das Becken offen, so dass die Kutter im Bogen vom Meer
hereinkommen und ihre Fracht, je nach Wasserpegel, über eine
der beiden Kai-Etagen löschen konnten.

Doch da waren keine Kutter. Da kam keine Fracht. Nyksund war nicht Henningsvær, ein noch irgendwie lebendiger
Fischerort bei Svolvær, dessen Bilder sich wie eine verschwom-
mene Folie über die Bilder von Nyksund legen ließen. Zu
hören war nur der Wind und das Meer, als ich die Treppen
betrat und die Tür aufzog.

»Ein zum Tode verurteilter Fischereihafen auf den Vesterålen.« Das schrieb das überregionale Dagbladet 1971, als
die Zeitung noch ein Accessoire des liberalen Nordeuropas
war und nicht im Boulevard-Format erschien. Die auf Seiten-
länge, mit wunderbaren Bildern rauchender und windzerzaus-
ter Sturköpfe illustrierte Winter-Reportage alten Stils (»Kalt
ist der blauklare Januartag. Der Nordwestwind jagt in die
Schneewehen und wirbelt dicke Schneeböen vor unser Auto,
als es durch das Zentrum von Myre fährt. Neue Siedlungen
und neue Betriebe zeugen davon, dass dies ein Ort im Wachstum ist, ein Ort, dem die Zentralisierung bis jetzt zum Segen
gereichte«) geriet zu einem klassischen Kapitel Widerstands-
geschichte. Sie handelte, hieß es im Vorspann, gleichermaßen
vom Verfall wie von einigen Menschen, die sich der politisch
forcierten »Zentralisierung« der Orte an der Küste widersetz-
ten und einen »hoffnungslosen Kampf für neues Wachstum«
kämpften. Sie wollten Nyksund nicht verlassen, obwohl sie

ahnten, dass die modernen Boote für seinen kleinen Hafen zu gewaltig und die großen Fischfabriken zu effizient sein würden. Sie stiegen trotzig in die Boote und erinnerten daran, dass Nyksund noch um 1900 zu den reichsten Fischerorten des Nordens, selbst im Krieg noch zu den Gewinnern gezählt hatte. Die letzten sechs, sieben oder acht Betriebe modernisierten, so wie auch der Staat noch um 1960 in die neue Mole, die Elektrifizierung und in Wasserleitungen investiert hatte. Der Aufbau von Nerzfarmen, dachten sie, könnte ihnen dank des Pelzhandels ein neues wirtschaftliches Standbein sichern. Durch diese Krise, sagten sie, kommen wir hindurch! Und dennoch war im Februar 1971, als *Dagbladet* in den Häusern vierzig Erwachsene und vierzig Kinder zählte, die Hälfte der Bevölkerung von 1945, nur noch ein einziger Fabrikant im Hafen übrig. Er hatte zwar Maschinen für vierzig Männer, aber nur zehn, die sie bedienen wollten. Der Sog von Myre, auch von Harstad, war gewaltig. Sein Zorn erst recht: »Warum nur hat man den Hafen nicht rechtzeitig ausgebaut. Warum hat man den Weg hierher verkommen lassen, statt ihn auszubessern und zu pflegen.« Selbst die Fragezeichen aber hatte Nyksund verloren. Der Reporter setzte Punkte hinter das, was der Mann ihm erzählte. Kurz darauf gab Nyksund auf. Das große »Sildeeventyret«, das »Heringsmärchen« oder »Heringsabenteuer«, das um 1870 die Fischer in den Nordwesten gelockt hatte, war endgültig vorbei.

»So ging es vielen kleinen Küstenorten hier oben, weißt Du.« Auf einmal stand Ssemjon Gerlitz vor mir, ein gemütlicher, liebenswerter, aber womöglich etwas eigenbrötlerischer Mensch – wer ist das hier nicht, nach etlichen Wintern in der

Abgeschiedenheit. »Die meisten dieser Orte sind von der Landkarte verschwunden. Von ihnen ist kaum etwas geblieben. Nyksund verschwand nicht, auch wenn die Zeit an den Häusern nagte. Dafür sorgte schon Karl-Heinz Nickel, auch wenn der nach dem Abzug der Sozialpädagogen auch auf sich selbst gestellt war.« Die Häuser, zwischen denen Karl-Heinz lebte, sahen mit ihren eingebrochenen Dächern und abgebrochenen Latten damals aus wie Baracken, weil sie Baracken waren. Wenn es stürmte, riss der Wind an Planken und Wellblechen, bis sie wie Geschosse aus der Verankerung und in die aufgewühlte See schnellten. Bei Nachtanbruch kam die Dorfjugend aus Myre, um in einigen der Bruchbauten etwas zu trinken und dann noch etwas mehr zu trinken und dann wieder abzufahren. Und wenn es Nacht war, hörte Karl-Heinz das Meer – in einem der wenigen Häuser, die nach Westen blickten, zum offenen Meer. Seinem Haus.

Will man so leben, kaum anders als die Bauern aus dem Östfold und dem Gudbrandstal, die nach Wetterkatastrophen Ende des 18. Jahrhunderts von Jens Holmboe, einem Priester, in Nordnorwegen angesiedelt wurden? »Hier war unbegangene Grenze, unbenanntes Gelände, unberührte Natur«, dichtete August Hoppe in seinem Band »Nördliche Utopia«, »[...] das Eden, Gosen, Kanaan, das gelobte Land der rauhen norwegischen Nordmark.«

Ssemjon wollte in dieser Schlichtheit leben. Auch er kam aus Deutschland, aus einer Familie, die es früh schon mit dem VW-Käfer nach Norden gezogen hatte, und auch er wollte Deutschland verlassen so wie viele der 20.000 Deutschen, die es als Einwanderer in solchen Mengen nach Norwegen zog wie sonst nur Schweden und die Nomaden von Krieg und Globalisierung, die Somalis, Irakis, Pakistanis und vor allem Polen. Dass der Weg ihn über den Polarkreis führen musste, um eine Alternative zum Ingenieursstudium zu finden, war Ssemjon von vornherein klar: »Sonst hätte ich in Düsseldorf ja auch bleiben können.« Also brach er auf, sobald er von Nyksund und Karl-Heinz hörte, von einem Mann, der hier einfach anpackte und sich der Industriegesellschaft widersetzte wie Isak, der Romanheld aus Knut Hamsuns »Segen der Erde« (ja, und auch der war, »in nördlicher Richtung gegangen«, immer auf der Suche nach einem Ort, »der niemand gehörte, der sein war; jetzt kamen die Tage der Arbeit.«). Ach, der Karl-Heinz! Ssemjon goss einen Kakao auf, ein dicker warmer Automatenkakao, wie man ihn oft im Norden bekommt. »Mir imponierte das schon sehr, was Karl-Heinz hier geleistet hat«, sagte er. Der zählte nicht zu denen, die Nyksund entdeckten, davon schwärmten und es doch sehr bald vergaßen. Der hoffte erst recht nicht auf das schnelle Geld wie manch anderer, an deren Häusern sich im Nachtlicht Preiszettel fanden. Karl-Heinz, sagte Ssemjon, war ein ebenso netter wie eigenwilliger Mensch. Er wollte »sich« etwas aufbauen, etwas schaffen, etwas leisten. Denn darum geht es, sagte Ssemjon: »Nicht um die anderen. Es geht um dich selbst.« Und um die Natur, natürlich, die in Ssemjons Worten zu »Naturgewalten« wird, »denen man hier zwangsläufig ausgesetzt ist und in den ersten Jahren noch viel stärker ausgesetzt war als heute.«

Das Meer, das unentwegt schlägt. Die weiße Nacht, die einem Energie gibt und nicht schlafen lässt. Das ewige

Dämmerlicht, das den Norden mit den Winterstürmen ereilt. Die Ruhe, die man aushalten können muss und doch nicht aushalten kann. Naturgewalten.

Ssemjon bezog ein grünes Haus. Das Haus lag jenseits der Mole, oberhalb von Gebäuden am Kai, die so marode waren, dass sie sich nicht retten lassen würden, und es sieht noch heute aus wie ein Rohbau. Die Fenster fehlten. Die Türen fehlten. An Dächern und Fassaden nagte der Wind. Auch Ssemjon arbeitete nun Tag und Nacht. Er schlachtete Häuser aus und Farmen, wo man ihn ließ, er richtete sich einen kleinen Laden ein, um etwas Geld zu verdienen, half Karl-Heinz Nickel, tonnenweise altes Zeug aus der verlassenen Fischfabrik zu schaffen, die gleich nebenan lag. So entstand hinter den Fassaden, mit denen die weltgewandten Fischer Nyksunds ihre Hallen als Anspielung auf amerikanische Westernbauten verkleidet hatten, eine Herberge, die mit ihren kargen, zeitverlorenen Zimmern bis heute zu den geheimnisvollsten Unterkünften des Nordens zählt: »Holmen Brygge«. »Jetzt erzählt doch nicht die ganze Zeit!« Die Tür flog auf, und Ssemjons Freundin kam herein, eine durchaus resolute Frau. Sie erzählte vom Nordlicht, das ich noch nie gesehen hatte, und so flog die Jacke über die Schulter, als ginge es um Leben und Tod. Ssemjon aber blieb ruhig: »Der Laden und das Café auf Holmen Brygge, das war ein neuer Anfang«, sagte er im Gehen. Die Leute in Myre seien zwar skeptisch gewesen. Sie dachten an die Schwererziehbaren, die sie damals nicht wollten, an das Geld, das den Fischern für die Abwanderung gezahlt worden war, an die Deutschen, die auf einmal wieder Leben nach Nyksund brachten, und in den Verwaltungen saßen noch immer jene, die Nyksund aufgegeben und Zukunftsfähigkeit mit Zentralisierung verwechselt hatten. Trotzdem, sagte Ssemjon, war die Neugierde vorhanden, so dass die Menschen kamen, und das nicht nur der hier gedrehten beiden Spielfilme »Insomnia« und »Etter Rubicon« wegen (ein düsterer Thriller, in dem ein Arzt den unheilvollen Folgen eines NATO-Manövers auf die Spur kommt und Nyksund in Flammen aufgeht). Von Nyksund, dem verfallenen Fischerort, ging ein seltsamer Optimismus aus wie von so vielen Orten, die als morbide gelten und attraktiv. Mit einem Male jedenfalls blühte der Ort wieder auf. Mal für eine Stunde, mal für einen Tag, mal für einen Monat. Je nachdem.

Kalle Nickel war nicht begeistert. Zur Eröffnung von Holmen Brygge, im Frühjahr 2000, posierte er für einen Zeitungsartikel: ein schüchterner junger Deutscher mit Karohemd, Vollbart und Kassenbrille, eine Hand an der Hose, die andere auf dem gelben Namensschild. Zugleich aber schien es, sagte Ssemjon, als sei Karl-Heinz immer unglücklicher geworden, je lebhafter und sauberer es in Nyksund wurde. Er verschluckte einen Nachsatz und ich merkte, dass er sich davor fürchtet, es könne ihm ähnlich ergehen. Denn kurz nach Nickels tödlichem Arbeitsunfall ging es in Nyksund erst richtig los. Während Ssemjon Holmen Brygge übernahm und als eine Art Herbergsvater den Geisterhaus-Charme zu bewahren suchte, siedelte sich ein feines Restaurant an, gleich vis-à-vis. Männer kamen her und bauten ein »Arctic Action Basecamp«. Frauen kamen her, die unter dem Motto »Wir sind human beings, nicht human doings« Yogakurse und Coaching-Seminare anboten. Künstlerinnen wie die junge Maria Solheim gaben Konzerte im einstigen Bethaus. Familien trafen sich zum »Julebord«, dem traditionellen Weihnachtsessen der Norweger. Es entstanden erste Neubauten, deren Bauherren jede Fischerromantik abging. Kurz: Nyksund geriet zur nordnorwegischen Version der alten Hafen- und Fabrikgebäude, wie sie überall in der Welt erst von Aussteigern, dann von Kreativen und schließlich vom Kommerz erobert wurden. Die Menschen, die Nyksund nun beseelten, waren nicht mehr jene, die ihren Tee noch vor Jahren aus geschmolzenem Schnee gewannen und über die erste warme Dusche so jubeln konnten wie über den ersten Nagel in der Wand. »Zwanzig sind wir jetzt etwa«, sagte Ssemjon, der die Atmosphäre des Ortes gerne erhalten würde und nach wie vor zu den wenigen zählt, die hier auch den Winter über ausharren, »und es werden wohl noch mehr werden, vor allem aus dem Süden. Das Interesse ist so groß, dass wir bald die teuersten Grundstückspreise der Region haben werden.«

Ob die Menschen, die jetzt kamen, sich zu einem Großteil mit denen deckten, die im norwegischen und schwedischen Fernsehen eine Serie namens »Himmelblå« einschalteten, eine harmlose Seifenoper nach dem Vorbild von »Two thousand acres of sky« der BBC? Sie wurde nicht ohne Grund als »schönste Fernsehserie der Welt« beworben und bot Gefühlsfernsehen vom Feinsten, indem sie den Alltag einer kleinen Inselgemeinde in Nordnorwegen romantisierte. »Jaaaaa«, sagte Ssemjon, »das war das mit den Medien. Da wir keinen Fernseher haben, habe ich das noch nie gesehen. Ich kenne das nur, da die Filmemacher, die dafür verantwortlich sind, mal in Nyksund waren. Und aus den Diskussionen im Tourismus: Himmelblå hat die Umsatzzahlen in die Höhe getrieben.«

Aber gut. Vielleicht waren unter diesen Menschen tatsächlich einmal auch solche vom Schlage Andreas Dopplers, des Helden in Erlend Loes gleichnamigem Roman. Es gibt andere Leben als das, das wir führten, sagte der Familienvater Doppler, nachdem er sich samt Elch in den Wald zurückgezogen hatte: »Es gibt etwas anderes als den Smart Club und Kindergeburtstage und Abendesseneinladungen mit so genannten Freunden und diese widerwärtige norwegische Gemütlichkeit, die uns erlaubt, zugleich das netteste und das egoistischste Volk auf Erden zu sein.« Seine Frau verstand das nur begrenzt. Dabei hatte sich Doppler nur in den Wald bei Oslo zurückgezogen, nicht in ein verlassenes Dorf am Polarkreis und auch nicht wie Christopher McCandless in einen Bus in Alaska: »Into the wild«.

Es war jetzt fast Mitternacht. Wir standen im Freien. Der Wind blies uns durch die Haare, und ich blickte mich um: Tatsächlich, das war keine Geisterstadt mehr. Nyksund lebte. Das letzte Haus am Kai war eingerüstet, um ein Museum zu werden. Im Haus daneben brannte Licht. Und in der Ferne, am Ufer von Langøya, waren die Scheinwerfer eines Wagens zu sehen, der sich an den Felsen entlang von Myre auf Nyksund zubewegte. »Mensch, Matthias, Du schaust in die falsche Richtung!«, Ssemjons Freundin zeigte in den Himmel, hoch über das letzte Haus am Felsen, in dem Licht brannte, und sie schickte Ssemjon, um endlich zu holen, was er bei aller Erzählerei zu holen vergaß: den neuen Fotoapparat. Als er zurückkam, war das grüne Schauspiel schon voll im Gange, so als hätte der große Regisseur die Taste für die Spezialeffekte gefunden. Grandios. *Guovssahat* nannten die

Sami das Nordlicht. Das Licht, das man hören kann. Das war falsch. Aber immerhin, es war poetischer, beim Anblick des grünblau vor sich hin wabernden Nordlichts an die Träume und Welten der Ureinwohner zu denken als an den norwegischen Physiker Kristian Birkeland. Der hatte das Nordlicht zu Beginn des zwanzigsten Jahrhunderts am Polarkreis studiert und in eine Maschine sperren wollen. Mit seinem »Terrella-Experiment«, einer magnetisierten Welt im Glaskasten, mit der er das rätselhafte Nordlichtschimmern untersuchen konnte, legte er die Grundlage für ein Unternehmen namens Norsk Hydro, das in seinen Anfängen mit Hilfe eines Lichtbogens Stickstoff gewann und Kunstdünger produzierte und heute zu den ganz großen Global Playern auf dem Energie- und Aluminiummarkt gehört.

ROMANTIK

Harstad – 68 Grad Nord – Die Romantik ist eingefroren

Ich stand noch eine Weile in der Nacht, da entdeckte ich auf einem Berggipfel einen dunklen schwarzen Kasten. Eine Radarstation. Vermutlich hing sie mit dem Militärflughafen bei Andenes zusammen, dem »wachen Auge im Norden«, wie es in der Selbstdarstellung hieß. Die Aussicht verdarb mir die Nacht. Also ging ich zu Holmen Brygge zurück und blätterte im Gästebuch. Die ersten Einträge stammten noch von Besuchern, die das Wort »Urlaub« in Anführungszeichen schrieben: Betten bauen und Wände streichen, Waffeln backen und Fische fangen, wandern. Das war für sie Nyksund, mal ganz abgesehen von gelegentlichen spirituellen Erweckungen: »Auf dem Weg nach innen sucht man oft erst im Außen.« Was mich stärker beschäftigte, waren die Einträge eines Engländers und eines Amerikaners. Bereits im August 2002 drückte der Engländer mit einem Stift den Satz »Nyksund is changing and is no longer the place it was« ins Papier. Und der Amerikaner ergänzte: »What a very special place. Amazing that it shall be so fine in the future.« War so die Welt? So war die Welt, selbst dort, wo sie eines ihrer vielen Enden versteckte. Gottlob, zum Ausgleich für den Amerikaner gab es diesen Polen: »I have managed to find a solution to some of my personal problems, after 2 nights I have spent here and 3 days in the surroundings [...] I am a different person.« Und es gab Gäste wie das Hochzeitspaar aus Köln, die ähnliches riskierten. Aber was war mit dem Engländer? Wie viel Moderne vertrug ein Ort wie Nyksund? Wie viel Moderne erduldete das Glück, über das Hans Magnus Enzensberger 1987 in den »Norwegischen Anachronismen« schrieb: »Das Glück ist in Norwegen keine abstrakte Idee. Es setzt sich aus Holz, Gras, Fels und Salzwasser zusammen, und es läßt sich genau lokalisieren. Das norwegische Glück liegt mindestens zwei Stunden von der nächsten Großstadt entfernt am Fjord«?

Ich schlief unruhig in dieser Nacht. Erst als ich sicher war, dass die Sonne tatsächlich über den Felsen blinzelte, ging ich über die Außentreppe in das Café von Holmen Brygge hinunter. Ssemjon stand nicht mehr hinter dem Zapfhahn wie am Abend zuvor. Er hatte den Laptop auf den Knien, und als ich mich in das Sofa fallen ließ, erzählte er von einer Tourismus-Konferenz, die ihn als Teilnehmer nach Svolvær geführt hatte, hundertfünfzig Kilometer entfernt. »Wo hundert Häuser zusammenkommen, wo eine Kirche steht, da ist eine Stadt«, schrieb Hans Richter 1925 im »Norwegenbuch«, noch eines dieser Bücher, die man im Norden unbedingt dabeihaben sollte. »Da muß der Schnelldampfer landen. Und da steht das Grand Hotel. Überall. Je kleiner der Ort, desto größer der Name.« So ein Ort war Svolvær mit seinen 4000 Einwohnern. Was Ssemjon genau in Svolvær diskutiert hatte, weiß ich nicht mehr. Über ein Erlebnis in der Metropole aber war er offenbar genauso ernüchtert wie damals Richter, dessen Illusionen vom romantischen Norden bei der Lofotenreise zerplatzten, weil er auch hier noch den Eindruck hatte, »die ganze Welt sei ein Kaufladen«. Richters Schiffe hatten Musterkoffer an Bord, deren Existenz wir im Internet-Shop-Zeitalter vollends vergessen haben, »zwanzig auf der Back, zwanzig an Steuerbord«, ein Heer von Geschäftsleuten arbeitete daran, den Norden in kleine Metropolen zu verwandeln, »Mode von Christiania – Made in Germany – Paris«, bis es die Bewohner des Nordens selbst glaubten: »Die Begriffe von Nordland sind verwirrt. Wer den Polarkreis überschritt, ist ein Eskimo – mindestens ein Lappe oder so. Die Eisbärfrage macht einige Sorgen. Sind die nun eigentlich zahm oder nicht? […] Das Land ist reich an Enttäuschungen […] Im Hotel Rex ist ein Saal […] Zwanzig Paare – Foxtrott, Shimmy, Boston, und Tango. In Melbo, in Stokmarknes, in Svolvær, in … beliebig fortzusetzen bis zum Nordpol. Alle tanzen, und wenn der Kurs zu Ende geht, ist Melbo Klein-Paris. […] Ja, mit der Romantik ist das schon so. […] Die Romantik ist eingefroren.«

Das Haus, das Ssemjon mir am Laptop zeigte, war der Neubau eines Konferenzhotels am Hafen von Svolvær. Er hatte die Kamera auf die Fassade gehalten: ein kleines Hochhaus, rundum verglast und eines der zentralen Gebäude in der bescheidenen Skyline zwischen Meer und Berg. »Das stilvolle Hotel befindet sich neben dem Kulturzentrum der Lofoten in der malerischen Hafenstadt Svolvær. Freuen Sie sich über ein kostenloses Frühstück, kostenfreies WLAN und einen herrlichen Blick auf die Stadt und den Fjord.« Das versprach die Werbung. »Die modernen Zimmer […] sind mit einem Flachbild-TV, Klimaanlage und extra langen Betten ausgestattet. Die Superior Zimmer mit einem Bademantel und Hausschuhen sorgen für besonderen Komfort.« Aber, dachte ich, sie hatten Chuzpe und benannten das Restaurant nach dem Schriftsteller Johan Bojer, der seinen sozialromantischen Lofotenroman »Der letzte Wiking« an die »Schlacht im Trollfjord«

anlehnte – den ungleichen Kampf der traditionellen Fischerboote mit der Dampfschifffahrt. Erstere gewannen im Roman, letztgenannte in der Wirklichkeit.

Ssemjon kommentierte die Bilder nicht. Sein plötzlicher Aktivismus auf dem Mousepad verriet seine Sorgen: Wie wird es mit Nyksund weitergehen, wo gegenüber von Holmen Brygge schon jetzt ein großes Plakat hing: »Wohnungen zu verkaufen. Neue Ferienwohnungen auf Nyksund Brygge, 2-, 3- oder 4-Zimmer. Wir gestalten die Wohnungen nach Ihren Wünschen.« Nyksund habe Potenzial, sagte Ssemjon nach einer Weile des Hin- und Herscrollens über die Bilder im Computer, »es ist ja ganz natürlich, dass es hier weitergeht. Wir müssen es nur schaffen, hier weiterhin die Ruhe zu vermitteln, die Nordnorwegen und die ursprüngliche Mentalität hier ausmacht. Wir dürfen nicht in Kitsch abgleiten und müssen den Leuten über unsere Geschichte erklären, dass es zum Leben im Norden dazugehört, nicht auf Oslo zu warten, sondern die Sachen beizeiten selbst zu regeln.« Es schien, als bereite ihm vor allem das Tempo der Entwicklung Kopfzerbrechen, nicht anders die Autoladungen voller Neugieriger, die im Sommer die halsbrecherischen 13 Kilometer von Myre nach Nyksund verstopfen, oder die Überlegungen der Lokalpolitik, auf den Felsgipfeln der Vesterålen Windkraft-Anlagen zu errichten. »Windräder, Ssemjon? Windräder sind doch nicht verkehrt.« Ssemjon griff sich in die Haare. Umweltpolitisch könne man gegen diese Dinger nichts haben, sagte er. Das wisse man gerade in Nyksund, wo es bei der Neubesiedlung des »Geisterdorfes« durchaus auch ökologisch kluge Experimente gegeben habe. Für eine Region aber, die von hunderttausenden

Touristen im Jahr besucht wird und viel von den Chancen des Tourismus redet – er sprach vom »Naherholungsgebiet Europas« – könnte sich jeder unbedachte Fleck im Panorama als Belastung erweisen. So wie die Brücken, dachte ich, die aus der Landschaft der Inseln und Fähren, deren Geheimnisse den Postschiff- und Abenteuer-Touristen vorbehalten waren, eine Landschaft der betonierten Architekturdenkmäler machten. Der letzte Teilabschnitt der 1993 begonnenen »Lofoten Mainland Connection«, für die sich die Abkürzung »Lofast« einbürgern soll, wurde erst vor kurzem eingeweiht. Und am Flughafen von Harstad/Narvik: landeten die ersten Chartermaschinen aus Japan.

Andererseits: Am Rande der schmalen Straße – sagen wir: irgendwo zwischen dem 2104 Meter hohen Kebnekaise in Lappland, den Wracks von Narvik, den Walen von Andenes und Å, der buchstabenkargen Sackgasse auf den Lofoten – war nun wirklich noch genug Landschaft und Wasser vorhanden, um sich an seine physischen Grenzen vorzuwagen wie einst Fridtjof Nansen, der Polarabenteurer, der nicht ohne Vorgeschichte nun wie weiland Henry David Thoreau das »Freiluftleben« als »einziges Heilmittel gegen die Krankheit unserer Zeit« propagierte. Und wo sonst soll die Zukunft herfinden, wenn nicht über neue Wege? Stand nicht auch vorne, an der Mole von Nyksund, ein gelber Bagger, der an der Straße und einem Anlegeplatz für Boote arbeitete?

Ich sagte es in Nyksund mal wieder etwas laut vor mich hin. Drei junge Norweger, die aus Harstad angereist waren, aus »der Stadt«, wie sie es formulierten, machten erschrockene Augen. Sie hatten in Ssemjons Café eben noch über die Winter ihrer

Kindheit gesprochen: heftige Winter, in denen sie an Weihnachten mit Spaten zu den Friedhöfen fuhren, um die Grabplatten freizuschaufeln und eine Kerze aufzustellen. Ob wir denn, wenn schon »von diesen Dingen« die Rede sei, auch vom Öl gesprochen hätten, fragte nun der Kahlrasierte (tagsüber war er Krankengymnast und abends Computermusiker, sein Laptop summte im hölzernen Kabüffchen stundenlang vor sich hin): »Ihr müsst auch vom verdammten Öl sprechen!« Ssemjon antwortete bedächtig: »Ich habe ihm schon gesagt, dass ihr gerne darüber sprechen würdet.« Dann ging er zu Bett, und das Trio aus Harstad, komplettiert durch einen sehr jungen Arzt und eine sehr blonde Krankenschwester, schenkte mir reinen Wein ein. Zumindest den Wein, den sie in der Wohnküche von Holmen Brygge aus dem Rucksack gezogen hatten, um das Wochenende einzuläuten. Nichts gegen diesen Wein, der Wein war prima. Er erinnerte daran, dass neuerdings auch in Dänemark Wein produziert werden konnte. Auch als Katalysator des Gesprächs machte er sich ganz gut, obwohl die Damen und Herren nach und nach Hasstiraden gegen die norwegische Ölindustrie anstimmten, Oden auf die landschaftlichen Schönheiten der Lofoten und Vesterålen. »Ein etwa achttägiger Aufenthalt in den Lofoten wird als höchst lohnend geschildert«, verriet ein nostalgischer Reisebegleiter, ein kleiner roter Baedeker von 1914 »[…] Prachtvoll ist der Anblick der langgestreckten zackigen Lofotenkette. Die Beleuchtung ist vormittags am schönsten. […] Der Landschaft am besten entsprechend ist Sturmwetter, namentlich ein plötzlich heraufziehendes Gewitter.«

Wir überboten uns in Romantik, so wie sich in Europa einst die Generation, die jeden Millimeter Urwald abgeholzt,

verkauft und kultiviert hatte, in schwelgerischer Naturroman-
tik zu überbieten versucht hatte.

»Der Landschaft am besten entsprechend ist Sturmwetter ...« Das Debattengewitter zog nicht plötzlich auf. Dieses
Gewitter zeichnete sich seit Jahrzehnten am Horizont ab, es
war nichts anderes als ein Konflikt zwischen den beiden wirk-
mächtigsten Mythen Norwegens, dem der Natur- und dem
der Ölnation. Ich trieb später eine der Broschüren auf, die es
entfachten. »Oil and Gas Activities in Northern Norway«,
hieß das Heft, gedruckt von »Konkraft«, einer Allianz von
Norsk Industri, Norges Rederiforbund, des Gewerkschafts-
bundes LO und des Ölindustrie-Verbandes. Die Ölindustrie, hieß es darin, beschäftige in Norwegen 250.000 Menschen. Sie mache ein Drittel der staatlichen Einnahmen aus.
Sie finanziere Straßen, Krankenhäuser, den Wohlfahrtsstaat,
wo sie sich etabliert habe, seien nach einer Ausbauphase von
etwa dreißig Jahren mindestens zwanzig Prozent der lokalen
Bevölkerung an Bord. Und sie habe daher einen Vorschlag, der
über die tristen Zukunftsaussichten der bisherigen Ölfelder
vor Westnorwegen, in der Nordsee, hinweghelfen könnte: Die
Erschließung neuer Vorkommen im Norden, die Eroberung
von Wassergebieten, die auf den Schatzkarten die Namen
Nordland VI, Nordland VII und Troms II tragen; auch in der
Barentssee, da für Spitzbergen und Jan Mayen ebenfalls von
großen unerschlossenen Energie-Ressourcen ausgegangen
werden könne.

Das Kapitel, das sich mit den »Economic and employment
effects« beschäftigte, wurde in der Broschüre mit einem Foto
von Nyksund unterlegt. Wie clever.

Der nächste Morgen. Ich brach früh auf, um die Landschaft bei Tageslicht durchfahren zu können. Mehr als einmal musste ich das Lenkrad dabei korrigieren. Beim Blick auf die Berge und das Licht, auf die Schatten, die über das Wasser wanderten, hatte ich schlichtweg die Straßen vergessen. Sivert Høyem war an dieser Fahrweise nicht unschuldig. Seine Musik klang überhaupt nicht, als stamme sie von einem Künstler, der zwischen den Fischern und Farmern in Stokmarknes aufgewachsen war (was soll schon typisch nordnorwegische Musik sein, sie ist vor allem ungeheuer professionell wie so vieles, was aus der Provinz kommt). Ich hatte mich an einer Tankstelle mit seinem Album »Moon landing« versorgt, schon weil der zentrale Song des Albums eine düstere kleine Durchhaltehymne war, die immer und immer wieder in den Refrain mündete: »I'm going to make this my own moonlanding. I'm going to give this best that I've got.« Das war angemessen. Schließlich bog ich kurz vor Harstad, der drittgrößten Stadt Nordnorwegens, auf den Parkplatz eines einflussreichen Unternehmens ein, dessen Vorstandsvorsitzender gerade den bescheidenen Satz »Where we lead others will follow« geprägt hatte – eineinhalbtausend Kilometer entfernt von hier. Ob sie in Stavanger, dem Hauptsitz des Energiegiganten Statoil mit seinen weltweit 25.000 Mitarbeitern, überhaupt wussten, dass in der Außenstelle Harstad bereits der erste ausgestopfte Eisbär im Foyer steht? »Wow, ein Eisbär«, sagte ich vorsichtshalber, als mich die Pressedame mit der für diese Berufsgruppe üblichen Mischung aus echter Freundlichkeit und knallhartem Kalkül begrüßte. Sie ging auf den Eisbären nicht ein. Sie fragte, ob ich einen Kugelschreiber mit dem neuen Logo haben wollte: einer Art Nordstern, der die Firmenvision »Crossing energy frontiers« verdeutlichen sollte. Dann führte sie uns durch ein menschenleeres Bürogebäude: »Ist ja Sonntag.«

Oben, in den Korridoren der Macht, stand Helge Eriksen, der Bürgermeister von Harstad, mit einem kleinen Empfangskomitee vor einem Kaffeeautomaten. Er wartete, bis ich allen die Hand geschüttelt hatte, und geduldig wartete er auch im Büro, bis Svein Johnny Grønhaug als »Statoil-Industrikoordinator Nord-Norge« und Gastgeberin Anita Andersen Stenhaug die Visitenkarten auf den Tisch legten.

Geduld. Vielleicht lernt man das in einem Ort, der 350 Kilometer nördlich des Polarkreises auf das goldene Zeitalter wartet und doch bislang nur deshalb in die Geschichtsbücher einging, weil von hier aus tausende Briten, Polen, Norweger und Franzosen 1940 zur Befreiung Narviks aufbrachen (und ihres Triumphes beraubt wurden, da die Alliierten ihre Soldaten zur Verteidigung der Heimatfront abberiefen und Norwegen damit aufgaben). Vom Öl jedenfalls, das Harstad zu einem Stavanger des Nordens gemacht hätte, war vierzig Jahre nach Beginn des norwegischen *Olje-Eventyrets* noch nicht mehr zu sehen als die Bürostühle, die alle wichtigen Ölfirmen des Nordens bereits sehr früh nach Harstad geschickt hatten. Aber das sollte sich jetzt ja ändern. Dafür gab es Männer wie Helge Eriksen, die den »Aufbau nordnorwegischer Muskeln« vorantreiben und zeigen wollten, wozu der chronisch unterschätzte Norden in der Lage war. Von Frauen wie Anita Andersen Stenhaug gar nicht erst zu reden. Dass die Frau Muskeln besaß, hatte sie schon als Kind bewiesen, als sie zu den Bohrinseln hinaus ruderte, die in Harstads Gewässern darauf warteten, zu ersten Probebohrungen nach Norden gebracht zu werden. Eine zähe Frau, kein Zweifel. Sie war so ganz anders als die Karrierefrauen in Hosenanzügen, denen man in Deutschland begegnet, sie war irgendwie menschlich und doch nicht von ungefähr lange Chefin der Plattform Norne, eines unruhig in der See vor Helgeland liegenden Schiffes, das 1997 den Meeresboden abzuzapfen begann.

66 Grad nördlicher Breite. So weit in den Norden, an den Polarkreis, hatte man sich zur Erdölgewinnung bis dahin nicht vorgewagt – zumindest nicht in Norwegen. In Alaska war das anders. In Alaska, bei 70 Grad nördlicher Breite, holten sie das Erdöl seit den 1970er Jahren aus der eiskalten Prudhoe Bay, um es durch die Trans-Alaska-Pipeline in den alten Goldsucher-Hafen von Valdez zu pumpen oder das, was nach dem »Karfreitagsbeben« 1964 wieder als Hafen errichtet worden war; das war genau der Hafen, den 1989 das Ölschiff »Exxon Valdez« verlassen hatte, bevor es auf ein Riff lief, zehntausende Tonnen Rohöl verlor und über zweitausend Kilometer Küste verschmutzte. In Norwegen hingegen galt zunächst der 62. Breitengrad, im Groben also die nördliche Grenze der Provinz »Sogn og Fjordane«, als imaginäre Grenze der Aktivitäten. Diese Grenze war durchaus umstritten. Sie wurde schon wenige Jahre nach dem Einstieg ins Energie-Monopoly 1969 von allen großen Parteien und erst recht den Nordnorwegern infrage gestellt. Die kleineren Parteien, Fischer und Umweltschützer sprachen vom Kabeljau, der durch die Lofoten ziehe, sie warnten vor dem starken Wind, den hohen Wellen, dem schwachen Menschen, und sie fühlten sich bestätigt, als 1977

der amerikanische Feuerwehrmann Paul »Red« Adair anrücken musste, um den sechzig Meter in die Luft prustenden
Erdöl-Austritt der Bohrinsel »Bravo« zu bekämpfen. Trotzdem stand die orangene Plattform »Treasure Seeker« 1980
im Hafen von Harstad, einsatzbereit zur Schatzsuche in der
Barentssee. Zwar wurde ihre Abfahrt noch einmal verzögert,
da Stürme in der Nordsee die Wohnplattform »Alexander
Kielland« zusammenbrechen ließen. Auch nahm der Blick
nach Norden noch einmal ab, weil man 1979 vor Bergen das
Gasfeld »Troll« fand, in das man eine 400 Meter tiefe Betonplattform setzte; sie wurde am Nationalfeiertag des Jahres 1995
eingeweiht. Der Industrietross aber arbeitete sich langsam in
der See nordwärts, und wenn man nach den Risiken fragte, die
mit diesem Unterfangen verbunden waren, sprach man lieber
vom Gas als vom Öl, entweder vom riesigen Feld »Ormen
Lange«, das 1997 nordwestlich von Kristiansund gefunden
wurde, oder von der Barentssee, einem Anfang der achtziger
Jahre bei 71 Grad nördlicher Breite gefundenen Feld, das 2002
zur Erschließung freigegeben wurde.

Nur an die Lofoten, den Inbegriff der norwegischen
Naturlandschaft, wagte man sich kaum heran. »Das Reinste
des Reinen, das Kälteste des Kalten, das Unberührteste des
Berührten, das Vornehmste, das man sich denken kann.« Das
hatte Christian Krogh, der Skagen-Maler, 1896 in sein Tagebuch geschrieben. Und so sah es ganz Norwegen, das Volk
der Landschaftsmaler, das die Ölgemälde und Lofotenposter umso häufiger an die Wände pappte, je weiter man vom
Norden entfernt war. Der Norden war enttäuscht. Er sah nicht
nur die heftigen Debatten, mit denen Amerika den Ausbau

der Aktivitäten in Alaska diskutierte. Er registrierte auch, wie ernsthaft Russland, vom Kommunismus befreit, im Westen nach Partnern Ausschau hielt, die ihm bei der Erschließung des 1988 östlich von Murmansk entdeckten Shtokman-Feldes helfen konnten. »In der Debatte«, sagte der Bürgermeister von Harstad, als ich mit ihm und den Statoil-Leuten zusammensaß, »ist von einer Wahl zwischen Natur und Industrie die Rede. Dabei ist die Antwort kein »Entweder-oder«. Wir glauben an ein »Sowohl-als-auch.« Die anderen in der Runde nickten. »Und es ist ja auch so«, fügte Eriksen da hinzu, »Nordnorwegen hat bisher, abgesehen vom Fisch, vor allem junge Leute exportiert – in den Süden. Im Norden mangelte es an den Jobs, die junge und gut ausgebildete Leute hier oben halten oder anziehen würden. Die Energiebranche kann uns helfen, diesen Trend umzukehren.« Wenn er so weiter redet, dachte ich, würde sich die Sonntagsrunde doch noch als hoffnungsfrohe Glaubensgemeinschaft erweisen.

Anita Andersen Stenhaug lehnte sich herüber: »Ich bin doch ein gutes Beispiel. Ich komme aus Harstad. Ich ließ mich an der Hochschule in Trondheim ausbilden, wohnte lange in Bergen, und jetzt bin ich wieder im Norden zurück. Wer jung ist, würde gerne zurück in den Norden kommen, der Freizeitwert des Nordens ist hoch, für Kinder ist es herrlich, und es gibt mittlerweile das Internet und die Billigflieger, um den Kontakt mit den Freunden im Süden, am Oslofjord, zu halten. Der Dreh- und Angelpunkt ist eben der passende Job, eine Herausforderung.« Die Lokalzeitung nannte sie die »Statoildame«, zitierte sie unlängst mit dem Satz: »Wir brauchen jetzt den neuen großen Fund. Wenn nicht, könnten wir

den Gipfel [der Erdöl-Produktion] bereits hinter uns haben.«
Ein, zwei oder drei Felder von der Größe des Norne-Feldes,
tippte Andersen Stenhaug, könnten sich vor den Lofoten und
Vesterålen befinden. Oder mit Helge Lund gesprochen, dem
jungenhaften Statoil-Chef: Vor der Küste des Nordens könnten 1.500 Milliarden Kronen liegen und damit die Hälfte dessen, was Norwegen derzeit bereits in seinem Ölfonds für die
Zukunft anlegte. Brauchte man bei diesem finanziellen Polster
überhaupt noch die »Ringwirkninger«, die positiven »Effekte«
der Ölproduktion für die regionale Wirtschaft, von denen Politiker wie Eriksen gebetsmühlenhaft redeten? Der norwegische
Reichtum, erklärte mir die Runde, sei vor allem ein staatlicher,
der sich gerade in weltwirtschaftlichen Krisenzeiten als Segen
erweise. Die Situation der norwegischen Kommunen sei dennoch ernst. »Aber auch das«, Eriksen räusperte sich und rückte
den Stuhl näher, »ist eine Frage der Machtverteilung im Land.
Je mehr Öl und Gas an unseren nördlichen Küsten produziert
werden, umso mehr wird sich auch die Machtverteilung in
Richtung Norden verschieben müssen. Der Norden wird mehr
Einfluss erhalten müssen, so wie nach Beginn der Produktion
in der Nordsee der Südwesten an Einfluss gewann.«

Welchen Einfluss wohl die »Deepwater Horizon«-Katas-
trophe vor Amerika im Frühjahr 2010 auf diesen Fortschritts-
glauben haben wird? Es fällt schwer, in der Lofoten-Frage
Position zu beziehen, solange wir tagtäglich mit den Plastik-
produkten des Öl-Zeitalters arbeiten, spielen, kommunizieren.
Sicher wird es heftige Debatten geben, schon weil der norwegische Staat die Aktienmehrheit von Statoil hält. Vielleicht
auch gibt es eine weitere Verzögerung. Doch je schwieriger es

Amerika fällt, eigene neue Ölförderprojekte zu verwirklichen, umso stärker könnte der stille Druck auf Norwegen zur fortgesetzten Aktivität im Norden steigen. So dass die Chancen, die Energiereserven im Norden erschließen zu können, besser stünden als je zuvor. Oder wird man das Risiko einfach auf Russland abwälzen?

An Selbstbewusstsein jedenfalls schien es den Herren und Damen in Harstad nicht zu mangeln, als ich sie kurz vor dem amerikanischen Unglück traf. Was sie antrieb, war die »Nordområdestrategien«, die Nordgebiete-Strategie, die Oslo 2006 zur politischen Chefsache erklärt hatte. Gab es Zweifler, konnte ein Blick nach Schweden weiterhelfen: 1970 machte Norwegens Pro-Kopf-Einkommen 75 Prozent des schwedischen aus. Heute war es 75 Prozent höher als das schwedische! Im ersten Bericht, den die Allianz »Konkraft« nach dem Startschuss für das Energieabenteuer im Norden vorlegte, nannte man das eine gelungene Abkehr von wirtschaftlichen Traditionen. Dass der Bericht ebenso sehr vom Interesse für erneuerbare Energien und von ökologischer Verantwortung sprach wie die Sonntagsrunde über dem ausgestopften Eisbär von Harstad, versteht sich von selbst. Der Norden hatte Fisch, Gas, Öl, mineralische Rohstoffe und ein atemberaubendes Panorama. Der Norden hatte Zukunft, sobald Oslo nur endlich grünes Licht für die notwendigen Vorbereitungen gab und klar war, dass einige Jahre nach den Probebohrungen die Produktion im Norden anlaufen könnte. »Wir können hier oben nicht weiter das ganze Jahr am Kai stehen und auf Touristen warten«, sagte Anita Andersen Stenhaug, »wir müssen die ganze Palette unserer Möglichkeiten ausschöpfen, ohne uns einseitig von einem einzigen Standbein abhängig zu machen. Und ganz nebenbei«, sie zeigte auf das kleine Modell eines Unterwasserroboters, der am Ende des Tisches stand, »es wird hier oben keine Bohrinseln geben, die direkt vor der Küste sichtbar sind. Solche Plattformen sind nur vorübergehend notwendig. Wir werden diese Maschinen unter Wasser installieren und irgendwo auf den Vesterålen an Land führen.« In Bø zum Beispiel, einer kleinen Kommune im Westen von Langøya, deren Bevölkerung sich seit den fünfziger Jahren halbiert hat.

»Die jungen Leute wollen an die Zukunft glauben«, sagte Helge Eriksen, der Bürgermeister, »Es kommt auf den Optimismus an, den ein Ja zu den Unternehmungen vor unseren Küsten auslösen wird.«

Diese Sätze waren so schön, dass ich auf das Angebot zurückkam, einen der neuen »Statoil«-Kugelschreiber in meine Tasche stecken zu dürfen.

TECHNIK
Hammerfest – 70 Grad Nord – Die Fabrik

Die Zukunft. Auf 70° 41' 13" Nord, 23° 35' 56" Ost, im Frost, lag in der Dämmerung diese Insel. Sie funkelte so fremd, als habe der aufziehende Sturm eine Plattform aus dem Eismeer herüber gespült: einen Koloss aus Röhren, Tanks und abertausenden von Lichtern, über dem eine Flamme bis hinauf in die Wolken schlug. Die Flamme brannte bei Tag. Sie fackelte bei Nacht. Sie zog mehr Blicke von Hammerfest aus auf sich als der gewaltige rote Tanker, der seit Wochen im Fjord lag und auf den Einsatz wartete. Und über den Wellen knisterte die Luft. Denn wenn es stimmte, dass ein Viertel der weltweiten Gas-Reserven im Nordpolarmeer verborgen liegt, wenn sich niemand verrechnet hatte und alles funktionierte – dann bedeutete die Inbetriebnahme einer Fabrik in der Nähe des Nordkaps den entscheidenden ersten Schritt in Richtung Zukunft. Die gewaltige Flüssiggasanlage auf Melkøya, hieß es, könnte Norwegens märchenhaften Wohlstand auf Generationen sichern. Sie könnte Europa und den Vereinigten Staaten bei der Energieversorgung helfen und sie aus Abhängigkeiten von anderen Lieferländern befreien. Und mit ihrer 143 Kilometer langen Pipeline, die auf dem Meeresboden von einem Erdgasfeld in der Barentssee bis nach Hammerfest herüberführt, galt sie anderen Städten an der norwegischen, Schweden und Finnland im Halbkreis überspannenden Küste als der entscheidende Beleg für den Eintritt in ein neues Zeitalter. Es gab größere Erdgasfelder als »Schneewittchen« mit seinen schätzungsweise 193 Milliarden Kubikmetern Gas, vor allem das russische »Shtokman-Feld« mit seinen mehr als drei Billionen Kubikmetern Inhalt. Aber »Snøhvit« war ja auch erst der Anfang, womöglich nur ein Zehntel dessen, was auch Norwegen im Norden auftreiben könnte. »Imagine what we can do together«, stand auf dem Schild, das die unlängst fusionierten Energie-Giganten Statoil und Norsk Hydro im Eingang zum Hochsicherheitstrakt auf Melkøya montiert hatten. Vermutlich hatten es dieselben Herren entworfen, die auch neue Fernsehproduktionen über norwegische Polarhelden unterstützten: »This is the beginning.«

An dem Tag, an dem ich Hammerfest erreichte, steuerte auch ein russisches Forschungsschiff die Ausrüstungsstation »Polarbase« an. Sie lag außerhalb von Hammerfest, in einer Bucht gleich jenseits des Hügels, auf dem die Stadtväter eine Tankstelle und einen Plastikeisbär errichten ließen, und so musste sich die »Geo Arctic« mit ihrem blauen Rumpf die Anlagen am Kai mit zwei Lotsenbooten teilen, die zur »Arctic Princess« gehörten, dem Supertanker. Ich sah zu, wie die Russen festmachten. Ich beobachtete den 288 Meter langen Supertanker im Fjord, dessen Tanks wie eine Großstadt bei Nacht beleuchtet waren. Dann traf ich Herold Paulsen, Direktor der »Polarbase«. Er stand zwischen den Kisten, den Maschinen, den Spulen und Röhren und trug Sakko und Hemd, keine hypermoderne Gore-Tex-Jacke, die deutsche Outdoor-Experten in dieser nordischen Landschaft erwarteten. »Seit 20 Jahren sagt man uns, dass wir der wichtigste Stützpunkt für alles sein würden, was in den Meeren nördlich von hier geschieht«, sagte Paulsen, noch bevor er das Werktor per Sicherheitscode öffnete. »Jetzt ist es so weit. Wir sind der Anlaufpunkt für die

Schiffe, die im Norden nach Rohstoffen suchen. Für die Versorgung bei künftigen Probebohrungen. Und für alle Materialien, die zur Wartung der neuen Fabrik da draußen gebraucht werden. Das wird hier immer größer.« Hammerfest ist längst da, wo Harstad gerne wäre.

Auch in Hammerfest waren die Zeiten, in denen Paulsen den Traum vom Aufbruch fast abgeschrieben hatte, nicht lange her. Über Jahrzehnte hinweg blieb die Vorstellung, von Hammerfest aus die Energievorräte im Norden erschließen zu können, nicht mehr als eine fantastische Idee. Nach der Entdeckung der Erdgasfelder »Askeladd«, »Albatross« und vor allem »Snøhvit« in den achtziger Jahren mangelte es noch lange an einer Technik, mit der solche Felder fernab vom Festland erschlossen werden konnten, an einem Marktszenario, mit dem sich die horrenden Investitionskosten rechtfertigen ließen, und bis zum Frühsommer 2002 auch am politischen Willen, die Risiken eines solch gewaltigen Projektes zu schultern. Auch hier war das Warten auf den Märchenbeginn eine Geduldsprobe. Während der Süden des Landes aus dem Vollen schöpfen konnte, dank des Öl- und Gasreichtums der Nordsee, mussten die im Norden mit ansehen, wie ihre traditionellen Wirtschaftszweige – besonders der Fischfang und die Fischverarbeitung – kriselten, der Schatz vor der eigenen Küste aber noch nicht gehoben werden konnte. Ab und zu kamen Schiffe aus Energie-Metropolen wie Stavanger. Sie vermittelten den Eindruck, auch auf der 1986 im Eifer der ersten Stunde gegründeten »Polarbase« könne es demnächst hektisch werden. Die bei der Erschließung der Öl- und Gasquellen in der Nordsee gesammelten Erfahrungen ließen sich aber nicht ohne Weiteres auf die Barentssee und das Nordpolarmeer übertragen. Mit Förderplattformen oder einer traditionellen Pipeline war es im Norden nicht getan. Nicht bei diesen Temperaturen und diesen Wellen. Die Schiffe kamen. Die Schiffe zogen ab. »Was blieb«, sagte Paulsen, »war nur das unbestimmte Gefühl, demnächst Teil einer bahnbrechenden Entwicklung zu sein.«

In den Jahren nach 1994 schwand auch dieses Gefühl. Es herrschte Funkstille, die mit aufwendigen Machbarkeitsstudien erklärt wurde. Die Menschen in Hammerfest bekamen wieder zu spüren, was es bedeutet, an der Peripherie zu leben. Selbst den Titel der nördlichsten Stadt der Welt, der Hammerfest zur Legende gemacht hatte, musste sich die 1789 im Jahr der französischen Revolution gegründete Stadt mittlerweile mit abgelegenen Siedlungen in Alaska und Nordrussland teilen. Auf dem Polarbase-Gelände siedelten sich eine Fischschlachterei und eine Kistenfabrik an, Betriebe, von der die Stadt keine Wunder erwarten konnte. Paulsen und seine Mitarbeiter vermieteten Anlegeplätze und Schnee-Scooter. Dann, mit einem Mal, ging alles sehr schnell. Vielleicht war man schlichtweg mit den Vorbereitungen fertig geworden. Vielleicht verstörte die Vorstellung, dass die Bohrinseln in der Nordsee Luft schlürfen könnten wie ein Partystrohhalm im leeren Cocktailglas. Vielleicht eröffnete auch der Krieg im Irak mit seinen Begleiterscheinungen neue Märkte für Norwegen. Und steigende Preise. Von Russlands Energie-Aktivismus und vom Klimawandel gar nicht erst zu reden. Im fernen Oslo jedenfalls gab die Volksvertretung im Frühsommer 2002 grünes Licht. Hilflos kettete sich in Hammerfest zwar noch einmal ein Umwelt-Aktivist am Polarbase-Eingang fest. Er wurde aber milde von allen Seiten belächelt. Schiff um Schiff landete auf dem Gelände bereits die Röhren und das Material an, das zum Bau einer technisch bis dahin ganz unvorstellbaren Fabrikanlage benötigt wurde: einer Anlage zur Produktion von Liquefied Natural Gas (LNG), die eben keine Plattform mitten im eisigen Nordpolarmeer war, sondern eine Fabrik nebst Kai in geschützten Gewässern – in Hammerfest, 143 Kilometer vom eigentlichen Gasfeld entfernt. Per Fernsteuerung klappt das, sagten die Ingenieure. Auf ihren Skizzen war eine Unterwasser-Pipeline zu sehen, die von der Wasseroberfläche aus bestückt und gewartet werden konnte. Und eine Fabrik, die sich selbst mit Energie versorgen konnte. »Wir zapfen das Feld am Meeresboden an, leiten das heiße Gas in die neue Fabrik, kühlen es auf minus 163 Grad ab, bis es flüssig ist und komprimiert wird. Und schon kann es im Tanker verfrachtet werden, wohin auch immer, ohne weitere Pipeline. Das machen Länder wie Libyen doch auch so.«

Hammerfest war begeistert. Flüssiges Erdgas, das klang gut und irgendwie sauber. Eine Rohrverbindung, in der sich die Schleppnetze der Fischer nicht verfangen konnten, klang noch besser. Und selbst als einige Bedenkenträger auf den Kohlendioxid-Ausstoß verwiesen, hatten die Ingenieure eine Lösung parat: »Zurück damit ins Meer.« Wenn es eine Herausforderung gibt, sagten die Ingenieure, wird es immer eine Lösung geben. Entlang der einzigen Hauptstraße machte sich ein Aktivismus breit, wie es ihn bislang nur einmal gegeben hatte: damals in der Nachkriegszeit, als die von den deutschen

Besatzern bis auf die Grundmauern niedergebrannte Stadt wiederaufgebaut wurde.

Diesmal waren die Deutschen willkommen, als sie nach Nordnorwegen kamen. Denn bei der Umsetzung seiner Idee kooperierte Statoil mit dem deutschen Anlagenbauer Linde, der das nötige Knowhow für die Kühlanlagen und die Erdgas-Verflüssigung mitzubringen versprach. Deutsche Ingenieure! Das war ein Wort. Das war das Wort, das schon im Kaiserreich viel galt, und es gilt weiterhin, unabhängig von den politischen Systemen, in denen die Auftraggeber sitzen. Deutsche Kaufleute und Ingenieure jedenfalls rückten an, als Melkøya noch nichts weiter war als eine per Sprengladung aufgeräumte Felseninsel vor dem Hafen. Sie fühlten sich wie Pioniere, wenn sie mit dem Schiff zur Insel hinausfuhren. Erst recht im Schneetreiben.

Ich hatte einen Namen genannt bekommen: Ralf Forster, Kaufmann bei Linde. Seit fünf Jahren schon lag sein Arbeitsplatz in Hammerfest, eine Ewigkeit von seiner Heimat entfernt. Er saß in einem Auto, das sich durch heftigen Regen auf den Ortskern zukämpfte. Die Heizung lief. Am Fenster zog die Stadt vorbei: lauter schlichte Häuschen, eine Gruppe Kinder auf dem Weg zum Gottesdienst, auf der Insel die Fabrik. »Allen war klar, dass die Anlage ein Pilotprojekt war. Alle wussten, dass dies ein wegweisender Auftrag ist, auf den weitere ähnliche folgen könnten. Nur was es bedeuten würde, viele Jahre an einem so abgelegenen Ort verbringen zu müssen, das haben viele von uns unterschätzt«, sagte er, als ich zustieg. Hammerfest und Umgebung hatten knapp 10 000 Einwohner, ein Krankenhaus, eine Kebab-Bude und eine Hochschule zur Ausbildung von Krankenschwestern. Ausreichend Unterkünfte für Arbeitskräfte aus aller Welt hatte es nicht. Zwar wurde jede noch so schlichte Ferienwohnung aufpoliert. Doch die Unterkünfte blieben rar, wurden immer teurer und waren schließlich restlos überfüllt. Zeitweilig rückten 3000 Arbeiter zugleich an, darunter 200 Deutsche. Nur auf Melkøya war Platz, in Sichtweite der großen Fabrikschublade, in die sie das Kernstück der Anlage schoben, eine schwere Verflüssigungs- und Kühlanlage mit eigenem Gaskraftwerk, die im spanischen Cadiz vormontiert und per Schiff um ganz Europa herum verfrachtet worden war. Sie schliefen in Baracken, auf festgezurrten Kreuzfahrtschiffen. Und sie hielten – wenn es schlimm kam, bis zur Evakuierung – auch den Stürmen stand, die im Winter über das Meer peitschten. Es war nicht immer gemütlich im Insel-Camp. Das Unternehmen Snøhvit fühlte sich für die Pioniere an, als hätte man sie zum Puzzle-Spielen an den Nordpol geschickt. Erst mit einem Tunnel von der Stadt zur Insel wurde alles leichter. Steil knickt er vom Damm ab, der am Ortsausgang aufgeschüttet wurde. In einem harten Bogen schießt er unter dem Wasser entlang, vier Kilometer weit. Und dort, wo er auf Melkøya wieder das Tageslicht erreicht, lässt sich von einer Anhöhe aus die Fabrik endlich überschauen. Eine mächtige Trutzburg. Eiskalt, betongrau, stahlhart. Bewacht von uniformierten Rotjacken, die zwischen Kühlanlagen und Tanks Streife laufen, als bewachten sie die Festung, die »Robbi, Tobbi und das Fliewatüüt« auf ihrem Weg zum Nordpol suchten.

Die Fackel, die am Rande leuchtete, schlug während des Testbetriebs im Herbst 2007 fünfzig Meter hoch in den

Himmel wie ein überdimensionierter Bunsenbrenner. Die Anwohner von Hammerfest waren entsetzt. Wochenlang regnete es Ruß auf die zum Trocknen aufgehängte Wäsche. Sie begannen sich zu fürchten. Sie sorgten sich um ihre Gesundheit. Sie standen in Gruppen herum, tuschelten und stellten Fragen: War es nicht so, dass die Anlage über 65 Prozent ihrer Leistungsfähigkeit nicht hinauskam? Hinkte das Projekt nicht dem Zeitplan um anderthalb Jahre hinterher? Und was war mit den Kosten, die deutlich überschritten wurden, mit dem CO_2-Ausstoß, mit dem Plan, aus dem Snøhvit-Feld nebenher etwas Öl zu gewinnen? Das ist halt so, wenn eine Anlage dieser Dimension angefahren wird, antworteten die Ingenieure. Kinderkrankheiten.

Die Arctic Princess, draußen im Fjord, wartete weiterhin auf etwas Bewegung an diesem Tag, gemeinsam mit einem russischen Fischkutter, der zwangsweise stillgelegt worden war: Russland hielt sich beim Fischfang nicht immer an die Regeln, hieß es. Überhaupt war in Hammerfest viel von Russland die Rede. Im Autoradio, auf dem Weg zur Insel, erzählte ein Nachrichtensprecher von einer hochrangigen russischen Delegation, die demonstrativ in diesen Tagen Spitzbergen besuchte. Eine Tageszeitung berichtete von Jagdflugzeugen, die nah am norwegischen Luftraum operierten und die umstrittene Seegrenze im Nordosten markierten. Norwegens Landesverteidigung wurde zum Thema: Ob die NATO im Falle einer norwegisch-russischen Krise dem Bündnispartner zu Hilfe eilen würde? Ob der Heimatschutz in der Lage war, einen Angriff auf die Fabrikanlage zu verhindern? Sogar in der Pizzeria, in deren Hinterstube sich die Muslime der Stadt zum Beten treffen, war von Russland die Rede: von Russland, das bei der Erschließung des Shtokman-Feldes zwar auf die norwegische Fachkenntnis gesetzt habe, stets aber auch den Anschein vermittle, die ausländischen Partner bei erstbester Gelegenheit wieder zu verstoßen. Von Russland, das mobile Atomkraftwerke für den Betrieb auf hoher See bauen lasse, um die Förderplattformen in der Barentssee mit Energie zu versorgen. Die Gerüchteküche brodelte.

Wie hoch war der Preis für die Erschließung der Energiereserven im Norden? Er baue, sagte der norwegische Außenminister vor Militärs, auf die NATO und deren Sicherheitsgarantien. Auf den Beistand der nordischen Nachbarn. Und auf die Amerikaner, denen schon aus symbolischen Gründen eine der ersten Tankerladungen mit flüssigem Erdgas geliefert werden soll, nach Cove Point bei Washington, sobald die Anlage in Hammerfest problemfrei in Betrieb sein wird. Nach einem Abenteuer, einem Märchen, klang das alles nicht mehr. Eher nach einer Runde im Big Game um Rohstoffe. Auf den Norden Europas kamen Herausforderungen zu, die von Ingenieuren allein nicht mehr zu bewältigen waren.

Die Pioniere in Hammerfest blieben dabei: »Die Barentsregion ist die Region der Zukunft. Erst recht, wenn in wenigen Jahren die nächsten Gasfelder wie Goliath und Shtokman erschlossen und auf Melkøya weitere Fabriken gebaut werden, um einen Teil des dortigen Gases entgegenzunehmen.« Arvid Jensen sagte das. Er vertrat die Interessen der lokalen nordnorwegischen Unternehmen, die sich in Verbänden wie Petro Arctic oder Pro Barents organisiert haben, und er würde später auch Teil einer Expertengruppe sein, die von der Regierung zur Vertiefung ihrer Strategien gegründet wurde. Jensen war ein geschäftiger Mann. Sein Büro lag im Herzen der Innenstadt, im Obergeschoss eines neuen Einkaufszentrums, in dem es einen Blumenladen gab und ein Konferenzzimmer, das »Ultima Thule« heißt. Im Foyer steckten Werbebroschüren eines neuen Studiengangs der Hochschulen in Finnmark: »Energi 2050.« Durch das Fenster war das neue Kulturzentrum erahnbar. Für die Gemeinde war das Unternehmen Snøhvit offenbar schon jetzt ein Segen, so sehr es weiterhin lokalpolitische Diskussionen etwa um den Erhalt des Krankenhauses gab. Auch von den Russen konnte Jensen nur Gutes vermelden. Sicherlich sei Russland »im Norden immer eine Großmacht gewesen, das hat man in den vergangenen Jahren nur ein bisschen vergessen«. In Kirkenes aber, der nächsten großen Stadt gleich an der Grenze, florierten die russisch-norwegischen Ehen. Hammerfest ziehe Organisten, Klavier- und Tanzlehrer an. Und so wie die Energiekonzerne Büros in Moskau, Murmansk und Archangelsk eröffnet haben und mit Giganten wie Gazprom im Gespräch sind, arbeiteten nun die regionalen Entwicklungsgesellschaften daran, dass auch an der russischen Nordküste Verbände entstanden, mit denen sich reden ließ. Lebte man nicht auch auf Spitzbergen seit Jahrzehnten Tür an Tür mit russischen Grubenarbeitern?

Womöglich hätte man die LNG-Anlage gleich auf Spitzbergen bauen sollen, dachte ich da. Die Kooperation im Kleinen konnte doch rasch ein Ende finden, sobald der Wettlauf um die Energievorkommen erst richtig in Gang gekommen ist.

Derartige Einwände ließen sie in der Stadt aber nicht wirklich gelten. Ein älterer Mann, der zur Abendzigarette die

Stiegen hinter der Stadt emporgestiegen war, sagte: »Hammerfest hat immer gute Erfahrungen mit den Russen gemacht. Und damit meine ich nicht nur den Küstenhandel, den so genannten Pomorhandel, der Hammerfest zur Stadt gemacht hat.« Seine Haare flatterten wie tausende grauer Fähnchen im Wind, er suchte nach einem Feuerzeug, steckte sich die nächste Zigarette an und zeigte über das Meer und die Lichter der Stadt: »Da unten zum Beispiel steht die Meridian-Säule. Das Ding markiert den Abschluss der Erdvermessung Friedrich Georg Wilhelm Struves 1852, ein Projekt, das nur durch die Zusammenarbeit der Könige und Zaren möglich war. Na, kapiert?« »Dann ist es jedenfalls kein Wunder, dass man gerade von hier aus wieder zur Vermessung der Welt aufbricht«, antwortete ich. Und zeigte ihm den Baedeker, um das Nachkriegs-Hammerfest vor unseren Augen mit dem Hammerfest von 1914 abzugleichen: »Die Sonne geht hier vom 13. Mai bis 29. Juli nicht unter und vom 18. Nov. bis 23. Jan. nicht auf (elektrische Beleuchtung). Der windgeschützte Hafen [...] wird von Schiffen der meisten europäischen Länder, hauptsächlich aber aus dem nördlichen Rußland besucht. [...] Ein bequemer Fußweg führt vom Westwende der Storgade bei einem Musikpavillon den steilen Abhang hinauf. Oben kleine Wirtschaft und schöner Blick auf Stadt und Hafen. [...] Von Hammerfest ab hört das Land auf, die Hauptsache zu sein; wer hier wohnt, tut es nur noch des Meeres halber.« Fast hätte ich dem Mann noch von Horst Janssens Skizzenbuch-Eintrag 1971 über Hammerfest erzählt: »Hammerfest. Scheußlich – nur eingekauft und mit der Fähre zurück zur Straße. Während des Tankens eine Blickzurückzeichnung gemacht. So sah Hammerfest niedlich aus.«

Dem alten Mann blieb Horst Janssen erspart. In dem Augenblick schob sich auf dem Fjord, bald nur noch durch die Lichter erkennbar, der Supertanker »Arctic Princess« durch das Wasser, um am Rande der Insel Melkøya versuchsweise mit Gas aus der Tiefe der Barentssee beladen zu werden. Von den 193 Milliarden Kubikmetern Snøhvit-Gas, hatte mir im Wind über der Fabrik der Statoil-Mitarbeiter gesagt, sollen die Vereinigten Staaten jährlich 2,4 Milliarden Kubikmeter LNG bekommen, Spanien 1,6 Milliarden, Frankreich 1,7 Milliarden. Möglicherweise könnte das Gas aus der Barentssee eines Tages dabei auch so verwendet werden, wie es das Forschungsinstitut SINTEF unter dem Slogan »Gas Plus Ore equals New Industry« erläuterte: zur Kohlendioxid-freundlicheren Veredelung der Kohle aus Kiruna (entsprechende Andeutungen hatte auch schon der Hafendirektor von Narvik gemacht). Nur Deutschland, eigentlich einer der wichtigsten Gaskunden Norwegens, brachte das vorerst alles nichts: Man mochte die Ingenieure haben, um eine Fabrik zu bauen, wo bislang keine war – am Ende der Welt. Zu einem Flüssiggas-Terminal aber, über das sich LNG aus Hammerfest anliefern ließe, rang sich die Politik bislang nicht durch, obwohl auch das Bundeswirtschaftsministerium in Berlin meinte, die Energiereserven im Norden seien »kaum zu unterschätzen«. Zu ihrer Erschließung entschied sich Deutschland für den Bau einer Ostsee-Pipeline, 1200 Kilometer lang. Sie ist darauf ausgelegt, riesige Gasmengen von Russland entgegenzunehmen, die eines Tages, wenn das Shtokman-Feld sprudelt, auch aus der Barentssee stammen werden.

DIPLOMATIE
Oslo – 59 Grad Nord – Die rote Arktis

Ich flog nach Oslo und landete in einer anderen Welt. »Wir müssen uns vor allem vor Selbstzufriedenheit hüten. Selbstzufriedenheit ist riskant.« Das hatte mir vor einigen Jahren Nils Kjær mit auf den Weg gegeben, damals Verwalter des legendären Pensionsfonds, in dem Norwegen die Gewinne des Öl- und Gasgeschäftes parkt. Auch Staatssekretär Roger Schjerva hatte ein paar Minuten Zeit. Er saß in einem dunklen Konferenzraum des Finanzministeriums, nippte an einer Tasse Kaffee und sagte: »99 von 100 Experten erklären uns, dass wir an unserem Regelwerk für das Geld aus dem Öl festhalten müssen. Wir dürfen nur auf vier Prozent des Fondsvolumens zurückgreifen, der Rest wird gespart. Doch insbesondere, seitdem der Preis für Rohöl rapide steigt, wachsen die Forderungen in der Öffentlichkeit, mehr auszugeben.« Beide Gesprächsfetzen sprangen wie lose verstaute Taschen im Deckenfach aus der Verankerung, als der Flieger mit einem harten Rumms auf der Rollbahn von Gardermoen aufsetze. Norwegen protze nicht mit seinem Reichtum, es setze ihn vernünftig ein, wird gelegentlich gesagt. Das stimmt schon, auch wenn es sich ebenso für Länder wie Abu Dhabi sagen lässt, das sich dank der Energiemilliarden aus Zeit und Raum zu schießen versucht und doch an einen Fonds für die Zukunft gedacht hat, oder für Alaska, wo ein Teil der Erdölgewinne des »Alaska Permanent Funds« per Dividende unmittelbar in die privaten Konten der Einwohner fließt, eine vierstellige Dollarsumme im Jahr. In Norwegens Hauptstadt ist der Reichtum trotzdem spürbar: schon in der Kleidung der jüngeren, ganz im Bewusstsein des »Oljeeventyrets«, des »Ölmärchens«, aufwachsenden Generation – und im Preisniveau, das Oslo den Ruf als »teuerste Stadt der Welt« beschert hat. Der Reichtum spiegelt sich auch in der Prachtausstattung neuer öffentlicher Gebäuden wie der Oper am Fjord, die als das größte und wichtigste Kulturprojekt seit Jahrhunderten und als Symbol eines »Goldenen Jahrzehnts« begriffen wird. »Why can't we do it like the Norwegians?« titelte die Londoner *Times* im Feuerwerksglanz der Eröffnung 2008. Sie meinte nicht die Ölindustrie, sondern die betont volksnahe Eröffnungsfeier und die spektakuläre Architektur von »Snøhetta« – demselben Architekturbüro, das für Saudi Aramco, die größte Ölfirma der Welt, ein spektakuläres Geschichtsmuseum in den Wüstensand setzte. Dabei sah die neue Oper aus wie ein Eisberg, mitten in Oslo.

Ich fand das schräg. Je länger ich über das weiße, hier flach und dort scharf ins Wasser abfallende Marmordach der Oper flanierte, umso mehr erschien mir der Bau wie eine bewusste Anspielung auf Caspar David Friedrichs Gemälde »Das Eismeer« – ein Bild, das unter dem Titel »Gescheiterte Hoffnung« zu Beginn des 19. Jahrhunderts auch als Sinnbild für das vorläufige Fiasko der demokratischen Bewegung gedeutet werden konnte, für den havarierten Traum vom Aufbruch in eine bessere Zukunft.

Prompt hatte ich ein Deja-vu-Erlebnis: die Eisberge von Ilulissat. Sie waren in den vergangenen Jahren zu den gefragtesten Kulissenwänden der internationalen Politik avanciert. Zwischen ihnen konferierten 2008 die Arktis-Anrainer, die auf die Vorboten des großen Schmelzens hin von neuen Wegen für die Schifffahrt, von der Erschließung neuer Rohstoffe, kurz: von der Absicherung ihres Wohlstandes durch den Aufbruch nach Norden träumen. Kanada, Dänemark, Norwegen, die Vereinigten Staaten. Und Russland, natürlich. Sie alle hatten ein Image-Problem, seit ein russisches U-Boot im Sommer 2007 (vermeintlich oder tatsächlich, das war lange ungeklärt) Titan-Fähnchen in den Meeresboden am Nordpol bohrte. Denn sicher, die russische Aktion war ein Rückfall in die muskelprotzende Großmacht-Symbolik, die den Kalten Krieg geprägt hatte. Sie enthüllte allerdings auch, dass alle Arktis-Anrainer seit Jahren einen eigenen Claim im Nordmeer abzustecken versuchten. Eine unangenehme Geschichte: Mit dem russischen Coup wurde zu einem Thema gemacht, was vorher in der internationalen Öffentlichkeit kaum beachtet worden war – der Wettlauf um die Rohstoffkammern in der Arktis. Vor diesem Hintergrund bot die Eiskulisse der Arktis-Konferenz von Ilulissat im Mai 2008 die entscheidende Gelegenheit zur Korrektur, und zwar mit den Mitteln der Bildpropaganda. So erhielt das abschließende Gruppenfoto am Ende mehr Gewicht als die freundlich-diplomatische »Erklärung von Ilulissat«, mit der sich die Völkerrechtler befassen würden, um ernsthaften Konflikten im Zuge der Verkartung und Erschließung der Nordmeere vorzubeugen. Zwischen den Eisbergen von Ilulissat entstand endlich ein Gegenbild zum Bild der russischen Fähnchen, das von den Zeitungen weltweit beim Thema Rohstoffe in der Arktis abgebildet wurde. Mit ihm konnten sich die Arktis-Anrainer symbolisch in die von Russland etablierte Optik hineindrängen und demonstrieren,

dass man ebenfalls mit von der Partie war. Ein kleines Sport-
boot, einsam im Wasser. Einige Gestalten darauf, harmlos
fröstelnde Politiker. Dahinter jede Menge Eis. Das war das
Bild, das bei den Agenturen landete. Als sei die Bootsfahrt
ins Eis nichts weiter als ein gruppendynamisches Manage-
ment-Seminar gewesen. Natürlich war sie das nicht. Sie war
ebenso Teil einer »frostigen Operette«, von der Philipp Felsch
in der Einleitung seines Buches »Wie August Petermann den
Nordpol erfand« sprach, wie Ausdruck eines eisschollenknis-
ternden Wettstreits, für den Christoph Seidler den Begriff
»Arktisches Monopoly« gefunden hat. Europäische Politiker
sagen das natürlich anders: »Die neuen Möglichkeiten, in der
Arktis Gas und Öl zu fördern, die steigenden Möglichkeiten
für den Schiffsverkehr und für den Tourismus müssen posi-
tiv genutzt werden.« So schön formulierte das der dänische
Außenminister nach der Konferenz.

Auch die Europäische Union spielt bei diesem »Arktischen
Monopoly« mit. Im »Memo IP/08/1750« erklärte die Kom-
missarin für Außenbeziehungen, die künftige Entwicklung in
der Arktis, einer Region »in unmittelbarer Nähe zu Europa«,
werde sich »über Generationen erheblich auf das Leben der
Bürger Europas auswirken«. Der Kommissar für maritime
Angelegenheiten ergänzte: »Angesichts der alarmierenden
Entwicklungen, die das Klima in der Arktis verändern und
die sich in der Folge auch auf den Rest des Planeten auswirken,
können wir nicht tatenlos bleiben. Andererseits ergeben sich
durch den Klimawandel und moderne technische Errungen-
schaften neue Chancen, die uns aber auch vor neue Herausforderungen stellen.« Und überhaupt, zu den hier formulierten

Zielen zählte neben dem »Schutz und Erhalt der Arktis im Einvernehmen mit der einheimischen Bevölkerung« und der »Förderung einer nachhaltigen Ressourcennutzung« auch der Beitrag zu einer »besseren multilateralen Governance der Arktis«, zu den politischen Forderungen eine »verbesserte Seeüberwachung«, der breitere »politische Dialog« sowie die Einräumung »stärkerer Mitwirkungsmöglichkeiten der Europäischen Kommission an der Arbeit des Arktischen Rates durch Zuerkennung des Status eines ständigen Beobachters.« In der zugehörigen Denkschrift wiederum hieß es mit ausdrücklichem Verweis auf die Versuche der Arktisanrainer, ihre Präsenz in eisigen Wassern auszubauen: »Die EU-Mitgliedstaaten verfügen über die größte Handelsflotte der Welt [...]. Es liegt im Interesse der EU, die Voraussetzungen für einen allmählichen Aufbau der Handelsschifffahrt in arktischen Gewässern zu untersuchen und zu verbessern und parallel dazu auf strengere Sicherheits- und Umweltstandards hinzuarbeiten und etwaige negative Auswirkungen abzuwenden. Die Mitgliedstaaten und die Gemeinschaft sollten ferner den Grundsatz der Freiheit der Schifffahrt und das Recht auf friedliche Durchfahrt für die neu eröffneten Strecken und Gebiete verteidigen.« Mit Blick auf Grönland, das einst zwar aus der EU austrat, aber weiterhin Finanzmittel erhielt, kündigte man just zum Zeitpunkt seines Unabhängigkeitsvotums »zusätzliche Bemühungen« an, auf dass »die EU Grönland gegenüber eine bedeutendere Rolle als Partner beim Management der empfindlichen Umwelt und bei der Bewältigung der Herausforderungen übernehmen kann, denen sich Grönlands Bevölkerung gegenübersieht.« Und schließlich erwähnte man ganz lapidar, was sich als Knackpunkt für jeglichen Unternehmungsgeist im Norden erweisen könnte: »Zu den Hauptproblemen im Zusammenhang mit der Governance in der Arktis gehören die Fragmentiertheit des Rechtsrahmens, ein Mangel an wirksamen Instrumenten, das Fehlen eines politischen Gesamtkonzepts sowie Defizite bei der Partizipation, der Umsetzung und der räumlichen Abgrenzung.« Ein guter, prägnant formulierter Satz. Nur wäre es wünschenswert gewesen, wenn er nicht bloß still und heimlich, sondern nach einer öffentlichen Debatte formuliert worden wäre.

Die Kanadier, Amerikaner und Russen gingen weniger zurückhaltend vor. Kanadas Premier überschlug sich mit symbolischen Reisen in den Norden und Ankündigungen, die Souveränität notfalls mit Waffengewalt verteidigen zu wollen. Die Amerikaner veranstalteten groß angelegte Manöver an der Küste Alaskas: mit 5000 Soldaten, 120 Kampfflugzeugen und etlichen Kriegsschiffen auf hoher See. Russland kündigte an, konkrete Pläne für etwaige Kampfeinsätze in der Arktis auszuarbeiten, schickte im Frühjahr 2010 gar Fallschirmjäger zu einer Erneuerung seiner Ansprüche an den Pol. China, Italien und Großbritannien meldeten Interesse an einer Mitgliedschaft im »Arktischen Rat« an. Und in nordeuropäischen Schlagzeilen war auf einmal von französischen Patrouillen-Flügen zum Schutz des isländischen Luftraumes und von russisch-französischen Übungen im Nordmeer die Rede.

In der Kantine des norwegischen Außenministeriums in Oslo aber, schräg gegenüber der Villa, in der das Komitee des Friedensnobelpreises seinen Sitz hat, saß ein Herr am Klavier und spielte Barmusik, als ich aus dem Lift stieg. Seine Hände tanzten einen Lauf nach rechts, einen Lauf nach links, sie sprangen herum, als ob nichts wäre, und da capo, noch einmal von vorn. So ist das also in einem Außenministerium, dessen Chef ein Anhänger Rudolf Steiners ist. Oder war die Stimmung noch immer so gut wie im Sommer, als die Festlandsockel-Kommission der Vereinten Nationen einer Erweiterung der norwegischen Hoheitsrechte im Nordmeer zustimmte – um umgerechnet sieben Fußballfelder für jeden der 4,8 Millionen Norweger? Sverre Jervell überhörte es, ganz Diplomat. Er schob mich einfach weiter durch den Saal, das Haar akkurat frisiert, das Lächeln in eine Vielzahl kleiner Falten eingehängt, jede Bewegung formvollendet. Vielleicht hätte ich für den Abstecher in die Hauptstadt doch einen dunklen Anzug auftreiben sollen? Jetzt war es zu spät. Jetzt sagte Jervell »vielleicht setzen wir uns an den leeren Tisch dort, bitte schön«, und schon saß ich dem Diplomaten, Autor und Drahtzieher wie ein Praktikant gegenüber. Lange war Jervell an der Botschaft in Berlin tätig. Sein Name stand auf Büchern zur Sicherheitspolitik im Norden, seine Gedanken prägten norwegische Impulse zur grenzüberschreitenden Zusammenarbeit der Barentsregion 1993, und seine Handschrift trugen auch die Überlegungen zur »Nordischen Zusammenarbeit« in der Arktis, die der frühere norwegische Verteidigungs- und Außenminister Thorvald Stoltenberg, schon 1993 die treibende Kraft, im Auftrag der fünf skandinavischen Außenminister ausarbeiten ließ. »Die Auffassung ist weit verbreitet«, heißt es 2009 in diesem Bericht zur »Nordischen Zusammenarbeit«, der unter anderem eine gegenseitige Solidaritätserklärung und den Aufbau einer nordischen Amphibieneinheit für die Arktis empfiehlt, »dass das nordische Gebiet eine ständig größere geopolitische und strategische Bedeutung erhält.«

Das klang ein bisschen so, als hätte man diese Feststellung gerade erst getroffen. Der Norden aber war mitverantwortlich für diese strategische Aufwertung der Arktis. Er war es schon der »Nordområdestrategien« wegen, die Norwegens Regierung 2006 vorlegte und 2009 um die »Neuen Bausteine im Norden« ergänzte. »Norwegen hat eine eigene Strategie formuliert, die sich ‚Neue Dimensionen im hohen Norden' nennt. Was sollen wir uns darunter vorstellen?« Das fragte der *Spiegel* den norwegischen Ministerpräsidenten Jens Stoltenberg im Dezember 2006, Thorvalds Sohn. Jens Stoltenberg antwortete: »Das Nordmeer in der Arktis und der Barentssee haben ein großes Potenzial: Es gibt dort riesige Ressourcen für Energieproduktion, Fischfang und Meeresbiologie. Um die zu erschließen, brauchen wir verlässliche Partner und eindeutige Vereinbarungen, etwa für nachhaltigen Fischfang oder zur Entwicklung neuer Produkte in der Biotechnologie. Und vergessen Sie das sensible Ökosystem des Nordmeers nicht.« Der Journalist hakte nach: »Es geht doch wohl mehr darum, Norwegens Rolle als Energiegroßmacht zu festigen. Fast ein Viertel aller unentdeckten Gas- und Ölreserven werden in der Barentssee und anderen arktischen Gewässern vermutet. Und da geht nichts ohne Russland.« Stoltenberg stritt das nicht ab. Er meinte lediglich, die norwegische Politik sei doch »auch ganz im Sinne Europas«. Sein Außenminister wiederum, Jervells Chef, sagte der *Frankfurter Allgemeinen Zeitung* im Dezember 2009: »Ich denke, die NATO sollte eine neue Analyse darüber vorlegen, was der hohe Norden für die Bündnispartner bedeutet. [...] Im hohen Norden gibt es drei Vektoren der Veränderung: Klimawandel, Ressourcen, Russland. Wir müssen verstehen, was sie bedeuten und was sie nicht bedeuten. Viele Leute in Europa dachten, dies wäre eine eingefrorene Region, politisch wie klimatisch. Jetzt erwärmt sich das Klima – und auch die Politik.« Was man sich unter der Nordpolitik vorzustellen habe, erläuterte der Minister auch 2010 im Parlament: »Wir haben in den letzten Jahren eine aktive Diplomatie betrieben, um in den Dialog mit anderen Ländern zu kommen, die ihre Strategien ausarbeiten. [...] Dass das Interesse für die Nordgebiete steigt, ist weder bedrohlich noch negativ, es läuft auch nicht zwangsläufig auf einen Konflikt hinaus. Aber wir sollten uns zum Ziel setzen, dass keine Unklarheiten über die grundlegenden Spielregeln und Prämissen der Zusammenarbeit entstehen.«

Kein Zweifel, Norwegen dreht in Sachen Arktis am ganz großen Rad. Es gibt allerdings auch keine Zweifel daran, wem diese Politik zugute kommen soll: den Kommunen im Norden, die endlich mehr Hoffnung und eine Perspektive brauchten. Und dem Wohlfahrtsstaat, natürlich, der auch dann noch finanziert werden will, wenn die Ressourcen in der Nordsee aufgebraucht worden sind.

Jervell musterte mich. Ob er sich daran erinnerte, dass er mir vor Jahren schon einmal seine kleine Botschaftsgeschichte in die Hand drückte, in dem vom Globus in der Berliner Rauchstraße die Rede war? Das Gebäude der Norweger hatten 1941, als Norwegen längst zum »Reichskommissariat« geworden war, vergnügungssüchtige deutsche Offiziere übernommen, und als der zugehörige Globus wieder auftauchte, fanden sich auf ihm noch die Zigarettenabdrücke, mit denen die selbsternannten »Herrenmenschen« die Schlachten an der Ostfront markiert hatten (während norwegische Kollaborateure von einer nordischen Kolonie zwischen Petersburg, Archangelsk und Murmansk zu fabulieren begannen, »Nordrussland muss germanisches Siedlungsgebiet werden. Es wird ein europäisches Kanada werden [...] Dieser Siedlungsraum soll das ganze Gebiet nördlich der Bahn Petersburg – Vologda – Viataka – Perm umfassen [...] Eine Auswanderung nach Amerika gibt es nicht mehr«). Ach, Berlin. Jervell musterte mich nur. Ich musterte ihn, aus dem Nebenraum hörte ich den Klavierspieler, an den Nachbartischen erlegten Jungdiplomaten einige Salatblätter. Schließlich hielt mein Gegenüber eine Art Kurzreferat. Die norwegische Politik stehe im Norden vor einem Dilemma. Sie müsse ihre eigenen Interessen wahrnehmen und doch mit den Europäern zusammenarbeiten. Der wichtigste Alliierte für sie werde Deutschland sein, »ein Land, dem wir seit Jahrzehnten Energie liefern und das ebenfalls an guten Beziehungen nach Russland interessiert ist.« Und apropos, Deutschland, sei für Norwegen schon nach Ende des Kalten Krieges wichtig gewesen. Es verfüge über politische Ressourcen, die für die norwegische Barentspolitik wichtig waren und wichtig blieben, als die Europäische Region eine Nordische Dimension erhielt. »Und aus dem Kanzleramt stammte letztlich auch einer der Anstöße für unsere neue Nord-Strategie. Dort machte man sich Gedanken über die Bedeutung des Energiemarktes im Norden.« Jervell schaute mich an, als müsse ich dringend mit dem Außenminister meines Landes Kontakt aufnehmen.

Wichtig in diesem Gesamtkunstwerk sei allerdings auch Russland. Russland brauche nicht zuletzt die technischen Kompetenzen, die Norwegen bei der Erschließung von Gas und Öl im Meer erlangt habe. Und damit die Zusammenarbeit, nicht die Konfrontation. »Die Schlagzeilen vom vermeintlichen Wettlauf um die Ressourcen«, das Gabelgeklapper am Nachbartisch wurde lauter, aber das beeindruckte Jervell nicht, »halte ich schon vor diesem Hintergrund für übertrieben. Auch die dramatischen Schlagzeilen, mit denen immer wieder auf russische Jagdflugzeuge im Norden verwiesen wird. Russland hat seine Interessen. Die Amerikaner haben Interessen, die Europäer, und auch wir. Das müssen wir jetzt deutlich aussprechen, damit es keine Konflikte gibt, wenn eines Tages etwa Gebiete angebohrt werden sollen, die völkerrechtlich umstritten sind. Und es muss geregelte Zuständigkeiten zum Schutze der Seeleute und Schiffe geben, die in den nordischen Gewässern unterwegs sind.«

Er holte Luft. Die Zeiten, in denen Norwegen ein kleines Land an der Peripherie war, das vorzugsweise über seine Entwicklungspolitik und Friedensdiplomatie punktete und Geopolitisches den Amerikanern überließ, waren offensichtlich vorbei. Aber galt das auch für die Zeiten, in denen Russland knallhart war, ein bis zur Schmerzgrenze nationalistisches Land? Für den Russlandkurs gab es jedenfalls ein Vorbild. »Schon für die ersten Schritte in unserer Barentspolitik haben wir ein Vorbild: die Ostpolitik Brandts und Bahrs«, sagte Jervell. Dann brachte er mich zurück zum Lift.

Die amerikanische Botschaft, ein Nachbargebäude des Außenministeriums, sah aus wie eine Festung. Ich ging an ihr vorbei und zum Nationaltheater herunter, wo die dunkle, tiefstehende Sonne noch die Bäume vor dem Nationaltheater erfasste. Ein mutiger Mann bewegte dort ein Saxofon. »Summertiiiime« behauptete er. Ich bewegte die Lippen mit, bis er ohnmächtig aufblickte, »and the livin' is easy. Fish are jumpii-iin'. And the cotton is hiiiiigh. Your daddy's riiiiich. And your mamma's good lookin' So hush little baby. Don't you cry …« Ich suchte mir eine Sitzgelegenheit und packte das nächste Buch aus, das ich zur Überbrückung der Zeit in die Tasche gesteckt hatte. Es stammte aus den Jahren, in denen es schon einmal einen internationalen Wettlauf in die Arktis gab, und auch in jener Zeit war Norwegen ein so aktiver Player, dass die Geschichtsbücher dafür das Schlagwort vom »Eisimperialismus« prägten: Norwegen versuchte, sich nach Ende des Ersten Weltkrieges die Souveränität über Svalbard zu sichern. Es nahm kleine Inselchen wie Jan Mayen in Besitz. Es beanspruchte den von Eirik Raude, dem Wikinger, entdeckten Teil Ost-Grönlands, bis Dänemark die Frage vor dem Internationalen Gerichtshof klären ließ. Es griff gar nach »Dronning Mauds Land« in der Antarktis, in dessen Nähe auch deutsche Flieger unterwegs waren, ebenso wie nach dem Nordpol, zumindest theoretisch. Die nackten Stahlgerüste, an denen Amundsens Luftschiff »Norge« auf der Reise zum geografischen Nordpol festmachte, sind bis heute in Vadsø und Ny Ålesund zu sehen.

Das Buch aus dem Jahr 1932 beschrieb allerdings nicht die Arktis-Politik der Norweger. Es beschrieb ein Ereignis im Jahr zuvor, das in der Welt für ganz ähnliche Unruhe gesorgt hatte wie die russische Nordpolfahrt im Sommer 2007. Mit seinen ersten Zeilen hätte es durchaus aus der Gegenwart stammen können: »Zu gleicher Stunde, wo die Vertreter von sieben Mächten in London die Belassung der kurzfristigen Auslandskredite in Deutschland beschlossen, stießen wir unweit des 77. Breitengrades auf das erste Eis, das sich unter einem grauen Nebel bis zum fahlen Horizont dehnte. Kaum war MacDonald in Berlin eingetroffen, als das deutsche Luftschiff ›Graf Zeppelin‹ in einem Kranz goldener Wölkchen von dem bei hooker-Land ankernden ›Malygin‹ gesichtet wurde. Wir liefen vor Newton-Insel auf einen Felsen, was mich in meiner schmalen Kabine aus dem Bett warf, und gleichzeitig wurde die Danatbank mit Reichshilfe flott gemacht. Der Diskont der Bank von England stieg, und die Temperatur der Viktoria-See fiel auf fünf Grad unter Null, und schließlich trat Mr. Baldwin in ein Kabinett MacDonald ein, als wir die meerbreite Dwina hinauf dampften, um unseren Ausgangshafen Archangelsk wieder zu erreichen.« Das war es, was mich an Friedrich Sieburgs »Die rote Arktis« faszinierte. Denn nein, die Reise war »nicht jener kühne Vorstoß in die geheimnisvolle Arktis, zu der man sie hat machen wollen.« Sie taugte allenfalls zu einer kurzen Momentaufnahme der sowjetischen Miniaturgesellschaft an Bord, zur großen Ablenkung und zur Freilegung dessen, was sich im europäischen Ausland des Finanzkrisenjahres 1931 an anti-sowjetischen Ressentiments aufgestaut hatte. Sie war ein PR-Stunt, der nur allzu gern verbreitet wurde, weil man etwas neidisch war, weiter nichts.

Mit den Russen und der Arktis war es nicht anders. Amerika und manche Militärs mochten mit Russland ihre Schwierigkeiten haben. Die Russen mochten mit Amerika ihre Schwierigkeiten haben, so dass sie noch am Tage der Verleihung des Friedensnobelpreises an Barack Obama eine Intercontinental-Rakete abfeuerten, bis sie über Nordnorwegen explodierte. Zumindest einige im Norden aber arbeiteten seit Ende des Kalten Krieges daran, die Nachbarschaft zu Russland möglichst konstruktiv zu gestalten, und sie wissen, dass ohne eine gute Nachbarschaft mit Russland eine Erschließung der Arktis nicht möglich ist. Von Russland trennen Europa nur einige Straßen und Birkenwälder. Je näher ich dieser Grenze kam, umso pragmatischer und unaufgeregter waren die Menschen gestimmt, sobald wir auf Russland zu sprechen kamen.

GRENZEN
Kirkenes – 69 Grad Nord – Der Netzwerker

Ich wollte einmal nachsehen, ob die Grenze nicht nur eine Erfindung der alten Kalten-Kriegs-Generation war, und reiste nach Finnland, wo die Grenze besonders lang ist. Was ich sah, war durchaus grenzwertig: Links eine Birke, rechts eine Birke, Schneise, Holzsteg, Wasser. Hier würde mich jedenfalls niemand hören, falls es Ärger gäbe. Der Wagen war unerreichbar. Auf dem See schwamm das Eis, bläulich, dünn und ziemlich dunkel. »Also gut«, sagten die Männer in Uniform. Sie machten den Hund fest, gingen auf den Steg und zogen sich aus. »Da musst du jetzt durch.« Am Wachturm, über den Wipfeln, fing eine Fensterscheibe den letzten Sonnenstrahl. Ob die Russen das sahen? Ob am anderen Ufer des Sees ein Russe saß, sein beschlagenes Fernglas rieb und verfolgte, wie zwei stabile finnische Grenzschützer einen weit weniger muskulösen Gast ins Eisbad bugsierten? »Die haben ihre eigene Sauna«, sagte Mika, der ältere von beiden, »die interessiert das nicht.« Janne, der jüngere, zog die Hüttentür auf. Eine Dampfwolke wehte über den Steg. Die Männer verschwanden im Dunkeln. Und ich mit einem solchen Aufschrei im Eis, dass selbst der Schäferhund am Ufer den Schwanz einzog.

Heute kamen die Russen wohl nicht mehr. Nahe Närsäkkälä, an Finnlands Grenze zu Russland, wurde der Krieg abgesagt. Es war Zeit für eine weitere Saunarunde und eine halbe Flasche Bier. War Europa am Ende romantisch? Vielleicht. Vor allem aber war es trist. Schon als die grünen uniformierten Grenzschützer auf dem Bahnhof von Kitee auftauchten, schauten sie ernst zwischen ihren Kragen hervor. Die Landschaft, durch die ihr Wagen eine Staubwolke zog, hatte etwas Autistisches. Dürre Bäume, einsame Wohnhäuser, rostiges Arbeitsgerät. Eine halbe Stunde lang ging das so. Der Wagen preschte über Schotterstraßen nach dem Wald, in dem Europa laut Karte enden sollte, immer zwischen Birken entlang. Kein Mitteleuropäer weiß heute noch, wie Grenzen aussehen. Zumindest keiner aus meiner Generation. Die letzte Erinnerung, die ich selbst an Grenzen habe, stammt aus der fernsten Kindheit, und schon damals waren die Grenzpolizisten auf dem Weg nach Dänemark so gelangweilt, dass sie froh darüber waren, wenn sie hin und wieder handgemalte Papierpässe meiner Teddybären stempeln konnten. Nein, meine Generation hat keine Ahnung mehr, was Grenzen waren.

Einmal sah ich eine Rostlaube am Straßenrand, in der saß eine Finnin und rauchte. Ein anderes Mal einen Mann, der einen Schneescooter verpackte. Das war es. Jeder Fünfte hier hatte keine Arbeit, die anderen schlugen Holz oder drehten Däumchen. Und sie wohnten so nah an der Grenze, dass sie eine Sondergenehmigung benötigten, um sich zwischen den Birken in der Nachbarschaft bewegen zu dürfen. In Russland, sagten sie mir, werde es noch schlichter. Sie fuhren trotzdem gelegentlich hin, des billigen Alkohols wegen, des Benzins, manchmal auch der Frauen. Und die Russen kamen herüber: Gelegenheitsarbeiter, Ärzte, Krankenpfleger, Frauen. Als die Sowjetunion kollabierte, schaute man sie noch argwöhnisch an. Dann muss irgendjemand den Hebel in Richtung Zukunft umgelegt haben. Auf einmal jedenfalls waren arme Russen als Arbeitskräfte willkommen und die Preisetiketten in russischer

Sprache ausgezeichnet – für Russlands neue Mittelschicht, die zum Urlaub herkam.

Die kahle Schneise der Grenze wurde nach dem Krieg mit der Kettensäge in den Wald geschlagen. Viele von denen, die in der Grenzstation von Värtsilä arbeiteten, kamen aus der Region. Vielleicht war der Grenzschutz für sie das Beste, was in dieser Abgeschiedenheit aufzutreiben war. Vielleicht machten sie auch einfach weiter, was schon Väter und Brüder gemacht hatten. Vielleicht lag es auch daran, dass das Quartier des Grenzschutzes von Värtsilä in einer modernen Baracke untergebracht war. In der Kantine hingen Bilder vom finnisch-russischen Krieg. Und ein Propeller mit Hakenkreuz, Glücks-symbol finnischer Flieger im 1. Weltkrieg. Keiner schaute hin, während der Kartoffelbrei auf den Tellern dampfte. Janne, der Grenzer, war ein freundlicher Kerl mit rundem Gesicht, und er war noch jung. Er hatte an alles gedacht: die Wagenschlüs-sel, das Fernglas, die Landkarten im Rucksack. Zunächst aber hatte er sich vorgenommen, dem Gast die Verteidigung Euro-pas zu präsentieren. Seriös, vom Schreibtisch aus und stunden-lang. Früher, sagte er, entsprachen die Grenzschützer, die mit ihren Familien im Vorhof der Sowjetunion wohnten, allen Kli-schees des sprachlosen Finnen. Heute erforderten durchlässige Grenzen menschenkundige Beamte, die nebenan auch einen Teil der polizeilichen Aufgaben wie Fahrzeug- oder Wegkon-trollen erledigen können.

Er schaltete den Computer ein. Die PowerPoint-Präsen-tation zeigte finnische und russische Birken in schematischer Darstellung, die Grenzpfähle auf den Bildern trugen bunte Streifen wie sonst nur Kinderpullover. Dazu ratterte Janne

Zahlenkolonnen herunter: Länge der russisch-finnischen Grenze (1300 Kilometer), Länge der Grenze in der Region Tohmajärvi (diese 73,3 Kilometer entsprachen in etwa der gesamten Länge der norwegischen Grenze zu Russland), Personal an den vier Stationen und Übergängen (153 Menschen, 27 Hunde) und in Nordkarelien insgesamt: 395 Mitarbeiter, 63 Hunde, 57 Scooter, 23 Boote. Und so wäre das ewig weitergegangen, hätte nicht das Mobiltelefon in der Melodie der alten ZDF-Krimiserie »Ein Fall für zwei« geklingelt. Janne bekam einen knallroten Kopf. Detektiv Matula aus Frankfurt schien der Schutzheilige des finnischen Grenzschutzes zu sein. Er befreite mich von der Statistik. Matula und Janne fuhren mich gemeinsam zum Grenzübergang Niirala, wo sich kleine russische Autos in beiden Richtungen der Fahrbahn stauten. Stumm stiegen die Fahrer aus, um ihre Papiere vorzuzeigen und zu hoffen, dass die Beamten nicht die neuen Felgen sahen. Über die Schienen dahinter schlichen unendlich lange Güterzüge. Sie brachten russisches Birkenholz herüber, als hätte Finnland davon nicht längst genug. Zwischenfälle gab es selten. Die Zeiten, in denen russische Wehrpflichtige von Grenzflucht träumten, waren vorbei. Wer Kriminelles vorhatte, bevorzugte die Übergänge im Süden, wo die Kontrollen wegen des größeren Andrangs vermeintlich lascher waren. Nur eine betrunkene Finnin fand einmal die Bremse nicht, und auch sie hatte sich bloß sträflichst verfahren. »Hier oben geht niemand ein Risiko ein«, sagte Janne, »die Menschen suchen Arbeit. Ist das Visum futsch, ist das eine Katastrophe.« Der Kollege vom Schlagbaum fügte hinzu: »Und die Russen leisten gründliche Arbeit. Die bauen sich schon weiter drinnen im Land auf, um die Problemfälle abzufangen.« Rund eine Million Menschen würden im laufenden Jahr wieder friedlich die Grenze in Nordkarelien passieren. Und viel Holz natürlich. Wie gut, dass da nicht bloß das Vertrauen, sondern auch die Qualität der Überwachungstechnik wuchs. Im Kontrollraum von Värtsilä starrte ein Herr mit viereckigen Augen auf die Videobilder, die von den Kameras entlang der grünen Grenze stammten. Wenn draußen Bewegungsmelder anschlugen, war er der Erste, der nachschaute und Entwarnung gab – wenn es wieder einmal nur der Bär war. So wie er es lächelnd sagte, klang das harmlos. »Aber das ist Außengrenze der EU«, setzte Janne staatstragend nach, »und wer einmal drin ist, kann sich nahezu frei in Europa bewegen. Unsere Verantwortung ist hoch.«

Es war nur einige Jahre her, seit eine Delegation aus Algerien nach Värtsilä reiste, um den finnischen Grenzschutz zu studieren – woran man auch erkennt, wie sehr die Welt nach Norden drängt: Die Nordafrikaner müssen mit einem wahren Ansturm aus Süden fertigwerden. Sie waren schockiert von den Temperaturen, aber begeistert von einem Grenzschutz, der immer mehr Technik auffuhr, Nachtsichtgeräte hatte und seit den neunziger Jahren das Personal drastisch reduzierte. Und tatsächlich, in der alten Grenzstation Valkeavaara konnten mittlerweile Touristen schlafen, da der hölzerne Hof zu einer Pension umgestaltet wurde. Ich klopfte an, schwatzte mit der Wirtin, und stellte im nahe gelegenen Wachturm fest, dass die Fensterscheiben einmal eine russische Putzfrau gebrauchen könnten. Janne lachte nicht. Er fuhr mit mir anderthalb Stunden entlang der Grenze, immer weiter in den Wald hinein, bis wir nahe Närsäkkälä auf eine Patrouille stießen. Sie überwachte

die grüne Grenzschneise, Tag für Tag. Ich erkannte sie an dem
Hund, der im Gras lag und wie alle Grenzschützer eine Art
Uniform-Leibchen trug, die einen gelben Bären mit Schwert
zeigte. Wir mussten warten, bis die Männer eine Schranke
inspiziert hatten: Wenn das nächste formelle Treffen ansteht
(informelle Treffen gibt es häufig), würden sie ihren russischen
Kollegen sagen müssen, dass bei den russischen Pfählen die
Farbe abblättert. Aber sonst? Ohne auch nur einen einzigen
Russen zu sehen, stiefelten wir stundenlang den Stacheldraht-
zaun entlang, der nie dafür gedacht war, sich die Sowjets vom
Hals zu halten – er sollte finnisches Vieh daran hindern, nach
Russland durchzubrennen. Wir traten Gras platt, fanden Tier-
haare im Stacheldraht, sahen nach, ob der Damm der Biber
noch den Grenzpfad überflutete, und führten uns auf wie ein
Trüppchen Vogelkundler. Nur das GPS-Gerät bestand darauf:
Wir balancierten auf dem Ende Europas, nicht in einem Wald-
gebiet des Oberbergischen Landes. Keiner sagte ein Wort. Nur
der Hund sprang aufgeregt in die Schneise und zog sein Herr-
chen ins Gestrüpp, weil dort ein Testköder versteckt worden
war. So ging das hier zu. Tag für Tag. Eine Patrouille kontrol-
lierte die Schneise, eine andere den See mit seinen Bewegungs-
meldern, zu Fuß, per Scooter, per Boot. »Das ist das Schöne an
diesem Job«, sagte irgendwann Mika, der die Station am See
bei Närsäkkälä leitete: »Er ist abwechslungsreich.« Es wurde
Abend. Mika hatte Döner für die Mikrowelle dabei und Hand-
tücher. Er freute sich auf das Eisbad zwischen Russland und
Finnland und die alte Sauna, »denn das mache ich schließlich auch nicht jeden Tag.« Als sich in der Sauna Schweiß auf
seiner Stirn bildete und draußen das Hundegebell als Echo

verfing, sagte er leiser: »Früher waren wir unruhiger. Heute gehen wir sogar ab und an mit den Russen in die Sauna. Denn Matthias, worin besteht der Unterschied zwischen Russen und Finnen.« Die Scheiben beschlugen, Mika goss noch einmal auf, und der Dampf drückte so tief in unseren Körper hinein, dass ich freiwillig an den See zu denken wagte, aber ausharren musste, bis des Rätsels Lösung verkündet war. »Ich sag es Dir«, sagte Mika, »die Russen sprechen kein Finnisch«. Und dann riss er die Tür auf, flitzte in der Dämmerung zum Ende des Steges und ließ sich noch einmal mit Prusten und Stöhnen hinunter ins Eis.

Rune Rafaelsen hätte ich das auch zugetraut. Er hatte die Ski schon fast angeschnallt, um nach Feierabend zu seiner Hütte nahe der Grenze zu fahren. Zwischen ihm und dem Wochenende aber lag dieser kurze Tag. Erst ein Treffen mit »Ocean Futures«, einem Unternehmen aus Oslo, das sich mit detaillierten Übersichtskarten zu den Ressourcen und Grenzgebieten im Norden einen Namen machte. Dann ein Gespräch mit einem hochrangigen Militär, bei dem es um Katastrophenschutz gegangen sein soll. Dann eines mit einem Fischexporteur, der in Moskau für norwegischen Fisch werben sollte. »Hatten Sie nicht auch schon einmal nach dem Holzhochhaus gefragt, das wir hier bauen möchten?« fragte er zur Begrüßung. Nein, antwortete ich, das war ein Kollege. Dass sie in der norwegischen Grenzstadt Kirkenes das höchste Holzhaus der Welt bauen wollen, ein symbolisches Bauprojekt mit 10.000 Quadratmetern Bürofläche für die norwegisch-russische Zusammenarbeit, wie Rafaelsen bei der Präsentation gesagt hatte, war mir nicht entgangen. Es erschien mir für Kirkenes nur noch ein wenig überdimensioniert. Denn Kirkenes war ein Nest von großzügig gerechnet allenfalls zehntausend Einwohnern, der Umkehrpunkt der »Postschiffe«, die ganze sieben Tage von Bergen bis in den Hafen brauchten. Nicht einmal der norwegische Außenminister wählte Kirkenes, als er Ende 2005 das Projekt »Barents 2020« vorstellte. Dabei war »Barents 2020«, präsentiert in der Universitätsstadt Tromsø, nur eine logische Erweiterung der Regionalpolitik, die man seit Ende des Kalten Krieges in der Region vorantrieb und dabei auf den 1993 gegründeten »Barents Euro-Arctic Council« setzte, ein neues »Barentssekretariat« in Kirkenes und überhaupt: eine Art grenzüberschreitende »Mensch-zu-Mensch«-Diplomatie im Kleinen, Projekthaften und Lokalen.

Diese Politik hatte mehr noch als mit der Grenzöffnung mit Schlagzeilen zu tun, wie sie auch in deutschen Zeitungen Mitte der neunziger Jahre zu lesen waren. »Zwanzig Kilometer nach der Grenze recken sich tote Bäume gegen den Himmel.« Das berichtete die »taz« 1994 über das benachbarte Russland. »Erst sind es nur wenige, dann immer mehr. Es stinkt nach Schwefel. Sogar im Auto. Fünfzehn Kilometer vor Nikel beginnt die Wüste: kein Baum, kein Strauch, kein Grashalm, die gesamte Vegetation ist tot. Ein Friedhof. ›Total environmental deterioration‹, vermerkt die Legende einer norwegischen Spezialkarte: vollständige Zerstörung der Umwelt.« Kurz darauf: »In der Nähe der norwegischen Grenze lagern auf der Halbinsel Kola Dutzende von Containern mit insgesamt 21.000 abgebrannten Brennstäben aus russischen Schiffsreaktoren, teilweise unter freiem Himmel. Jeder dieser Container enthält strahlendes Material in der Größenordnung, die bei der Explosion einer Atombombe frei wird.« Oder auch: »In der Nacht zum Freitag stand Nordeuropa an der Schwelle eines schweren Atomunglücks. Ein ausrangiertes Atom-U-Boot auf einer russischen Marinebasis im Murmansk-Fjord drohte wegen Kernschmelze zu explodieren und große Mengen Radioaktivität freizusetzen. [...] Im Gebiet der Kola-Halbinsel liegen in sechs verschiedenen Flottenbasen 40 bis 50 ausgediente Atom-U-Boote, die auf ihre Ausschlachtung warten.« Nein, dunkel war für diese Region jenseits der Grenze kein Ausdruck mehr. Sie war der blanke Horror, auch für die Skandinavier, die sich schaudernd an die Rentierherden am Polarkreis erinnerten, über die 1986 die Strahlenwolke von Tschernobyl hinweg gezogen war. Und die betrieben ihre Politik ab 1993 nicht trotz, sondern wegen dieses Horrors als eine Mischung aus lokaler Katastrophen- und Entwicklungshilfe.

Die Aufräumarbeiten waren auch nach einem Jahrzehnt noch nicht vollends abgeschlossen, ebenso wenig die Versuche, russische Unternehmen wie die Mining and Metallurgical Company Norilski Nikel, einer der weltweit führenden Produzenten von Nickel und Palladium, zu einem Hauch von Umweltbewusstsein zu bewegen; auch atomare Fracht vor der norwegischen Küste würde noch große Sorgen bereiten. 2005 aber, als die russische Wirtschaft insgesamt zu schnurren schien wie nie, glaubte die kluge norwegische Politik der kleinen Schritte sich endlich stärker nach vorne richten zu dürfen – in eine lichte, mehr Arbeit versprechende Zukunft. »Im norwegischen Kirkenes warten unzählige russische Seeleute. Monatelang. Bis die Heuer ausbleibt. Dann der Proviant. Und schließlich die Hoffnung«, schrieben die Kollegen in der *brand eins*-Redaktion zwar noch über eine Geschichte, die sich später in Thomas Brunnsteiners Reportagensammlung »Bis ans Eismeer« fand. Auch in ihr kündigte sich jedoch ein Umdenken an, und zwar nicht nur mit Blick auf geschäftstüchtige Norweger, die in ihren Häfen um russische Kundschaft warben, sondern im Grundsätzlichen: »Die Russen fischen nicht mehr für Russland«, sagte ein Fischer, »und Norweger nicht mehr für Norwegen. Wir sind keine Konkurrenten, uns geht es gleich dreckig.« Die norwegisch-russische Kooperation lag auf der Hand.

Manche Nadelstreifenträger in Oslo mochten das noch ebenso wenig verstehen wie die Turbokapitalisten in Moskau. Wenn sie an norwegisch-russische Kooperation dachten, dachten sie vorzugsweise groß und nicht regional. Vor allem steckte in ihnen noch der Geist des Kalten Krieges, der auch von den Schreibtischstrategen in Oslo mit Eiseskälte geführt worden war: Erst 2004 veröffentlichten Wissenschaftler Pläne der sozialdemokratischen Regierung des Jahres 1951, Nordnorwegen im Falle eines sowjetischen Angriffes vollständig räumen und niederbrennen zu lassen – eine Kopie des deutschen Rückzuges von der Russlandfront im Winter 1944/1945, bei dem die Taktik der »Verbrannten Erde« nur sechs Jahre zuvor angewandt worden war.

An der Grenze selbst hielt man es pragmatischer: Dass gerade hier nach Ende des Kalten Krieges durch Kooperation etwas Bewegung ins frostige Dasein kommen konnte, lag auf der Hand. Man musste sich nur aufraffen wie die Männer des Gesangsvereins von Berlevåg, eines Fischernestes nahe des Nordkaps. Auf den üblichen Überblickskarten von

Nordeuropa sah Berlevåg aus wie ein Nachbarort von Kirkenes, und Kirkenes wie ein Nachbarort von Murmansk. Das
war falsch. Wenn es einen nennenswerten Nachbarort gab, war
dies Nesseby, eine Sami-Siedlung, deren Einwohner sich mit
der Dichtung der Sami-Hymne verewigten und noch heute
Rentiere züchten. Kirkenes und die russische Grenze hingegen
lagen von Berlevåg hunderte Straßenkilometer entfernt, und
schon auf diesen dreihundert Kilometern gab es fast nichts
oder zumindest sehr viel vom Nichts, von den drei weiteren
Stunden bis Murmansk nicht zu sprechen. Der Männerge-
sangverein von Berlevåg machte sich trotzdem auf den Weg,
und da ihn eine Filmkamera begleitete, geriet diese Reise zur
wunderlichen Dokumentation einer Grenzüberschreitung,
ganz im Kleinen, Menschlichen und Sensiblen – ganz davon
abgesehen, dass das kleine Berlevåg wieder Spuren in der Welt
hinterlassen hatte. Schon Tanja Blixens Novelle »Babettes
Fest« spielte hier, in der eine französische Köchin das Provinz-
leben in Nordnorwegen durcheinander wirbelte.

»Heute sind wieder viele Russen in der Stadt, schön.«
Rune Rafaelsen, Generalsekretär des Barentssekretariats,
redete schnell und begrüßte mich herzlich. Es war sofort klar,
wie viel ihm dieser Job bedeutete. Das Barentssekretariat war
ein diplomatischer Vorposten. Finanziert durch das norwegische Außenministerium, begleitete es seit der Gründung
1993 über 3000 norwegisch-russische Projekte, »und alles war
dabei, vom Kindergarten bis zur Energieindustrie«. Rafaelsens
Schreibtisch stand vor einem Poster, das die türkisch-armeni-
sche Grenze bei Kars zeigte, die Stadt an der alten Grenze
zwischen NATO und Warschauer Pakt. Auch sie war einmal

ein wichtiger Handelsknotenpunkt. Rafaelsen erläuterte es uns gerne und sagte dann über den Alltag seines Berufs: »Die Kopplung des kulturellen und wirtschaftlichen Engagements, sie ist der Schlüssel. Wir knüpfen seit dem ersten Tag neue Netzwerke und schaffen Vertrauen, auf beiden Seiten.« Die Barentsregion, in der sein Sekretariat mit Büros in Murmansk, Arkhangelsk und Naryan Mar vertreten war, war für ihn längst nicht mehr das Ende der Welt. Sie war der Schlüssel zu ihrer weiteren Erschließung.

Wie man sich die Zukunft von Kirkenes vorstellte, war am Beispiel der Erzgruben-Stadt erkennbar: Mitte der achtziger Jahre – der Abbau hatte sich als immer unrentabler erwiesen – beschloss die Regierung noch die Abwicklung der Gruben, stellte 1996 gar den Betrieb ein und verkaufte ihre Anteile an die Kommunen. Nach dem Einstieg privater Aktionäre in die Firma »Sydvaranger A/S« aber änderte sich der Kurs. In Oslo sitzen bis heute Politiker, die lieber über die Energieschätze im Nordmeer sprechen als über die Schätze in den norwegischen Bergen; das unterscheidet sie, klagt die Grubenlobby, von ihren Kollegen in Schweden und Finnland. Aber es gibt Unternehmer, die bei allem Kasinohaften, das dem Bergbau zuweilen nachgesagt wird, an den steigenden Bedarf, an Märkte in China, Brasilien und Indien und steigende Preise glauben. Im Sommer 2009 nahm die Grubenfirma »Sydvaranger A/S« wieder die Arbeit auf. Mit ihr wuchs die nächste Optimismuswelle in der Stadt. Eine Anbindung der schmalen Erzbahn zwischen Hafen und Grube an die bestehende Strecke zwischen Murmansk und den Gruben von Nikel, ein Windpark, der die Gruben mit umweltfreundlicher Energie versorgen konnte, womöglich ein World Port Kirkenes, dazu Touristen, die ins Pasviktal wollten, in den Nationalpark mit seinen Bären, Elchen und drei Grenzen (»Es ist gesetzlich verboten, die Staatsgrenze zu Russland zu überqueren«, stand auf einem Schild: »Somit ist es auch untersagt, um die Steinpyramide des Dreiländerecks herumzugehen.«). Alles war möglich. Alle waren irgendwie mit von der Partie.

In Hammerfest, sieben Autostunden entfernt, war ein Schneewittchen erwacht. In Kirkenes hingegen erwartete man das Erwachen eines Riesen, ob nun unter den Namen »Goliath« und »Shtokman« in der Barentssee oder unter dem Namen Russland an Land. Wenn er sich erhob, würde Kirkenes erst recht in Bewegung geraten. Ein Vortrag Rafaelsens arbeitete mit Satellitenaufnahmen aus »Google Earth«, auf denen Kirkenes, Murmansk und die Gasindustrie durch eine Art Eismeer-Dreieck verbunden wurden. Er zeigte russische Russlandkarten, auf denen bunte Pfeile die Energiereserven entlang der gesamten Nordküste und die Verkehrswege der Zukunft erklärten. Er benutzte Schlagworte wie »Soft Security«, »Mensch-zu-Mensch« und »Integration«, erklärte Funktionspläne des eistauglichen »Offshore Terminal Varandey« von Lukoil. Und er hatte Zwischenfolien vorbereitet, mit denen das Arktis-Projekt selbst hyperaktiven Problemmanagern mit Aufmerksamkeitsdefiziten verdeutlicht werden konnte. »Murmansk als Transportknotenpunkt«, stand auf einer von ihnen, auf der auch Russlands Streben nach »Unabhängigkeit von baltischen Transithäfen« vermerkt war. Eine andere erläuterte just jene »Öltransporte entlang der norwegischen Küste«, die Umweltschützern so großes Kopfzerbrechen bereiteten: »Heute ein Tanker an jedem dritten Tag, 2015 womöglich drei am Tag.« Großes Power-Point-Kino. Schon wieder.

Ich wollte trotzdem noch einmal von den Menschen an der Grenze reden. Was zum Beispiel unterscheidet heute noch die Norweger von den Russen – außer der Sprache? »Der Lebensstandard auf der norwegischen Seite ist mit dem russischen leider noch immer nicht zu vergleichen«, sagte Rafaelsen. »Aber Sie sollten einmal nach Murmansk fahren. Dort ist in den vergangenen Jahren viel in Bewegung geraten, so dass es im Oblast Murmansk heute immerhin schon einen kleinen Teil von Bewohnern gibt, die unseren Lebensstandard haben.« Ich fragte, ob der Lebensstandard in Kirkenes mit dem in anderen Städten Norwegens vergleichbar sei. »Da gibt es keinen Unterschied«, antwortete er. Das hörte ich oft im Norden, wobei man gerne das norwegische Bibliothekswesen zum Beweis dafür nahm, wie gut selbst die Peripherie hier mit den Zentren des Wohlfahrtsstaates vernetzt sei. »Und schauen Sie doch nur, wie in Kirkenes die Preise auf dem Wohnungsmarkt steigen«, sagte Rafaelsen, der Netzwerker. »Als sei dies das neue Hafenviertel in Oslo. Nur nimmt man diese Entwicklung in Oslo leider kaum wahr. Das Image, das der Norden in der Hauptstadt hat, ist leider noch recht schlecht.«

Auch das kannte ich mittlerweile schon. Das hatte ich in Grönland über Kopenhagen gehört, in Kiruna über Stockholm, in Harstad über Stavanger, in der finnischen Provinz über die finnische Hauptstadt. Ein natürlicher Reflex. Sicher eine Übertreibung. Die Erfahrungen, die diese Regionen mit den Metropolen machten, waren eben selten gut oder gut genug, um

in Erinnerung zu bleiben. Zwar gab es gelegentlich Stimmen
wie die des Generals, der in Ludvig Nordströms legendärer
Radioreportage »Lort-Sverige« 1938 über den Norden sagte:
»Dieses Land muss kolonisiert werden […] Das hier ist das
Zukunftsland.« Zwar gab es hin und wieder politische Initiativen, die dem Norden galten. Aber Schweden, erzählten sie
mir in Kiruna, vergaß seinen Norden immer wieder schnell,
obwohl es einen gewissen Stolz auf seine Eisenerzgruben und
Sägewerke in der Wildnis hatte. Ähnlich war es in Finnland,
wo staatliche Bauaufträge und Strukturmaßnahmen kaum
gegen Rationalisierung, Entvölkerung, Überalterung und
Wirtschaftskrisen ankamen. Und auch Dänemark, der Herr
über Grönland, und Norwegen, das den Wiederaufbau des
zerstörten Nordens als nationalen Kraftakt begonnen hatte,
brachten es allenfalls zu dirigistischen Experimenten, die mit
den wahren Bedürfnissen der Menschen nur vordergründig zu
tun hatten. Die Menschen im Norden hätten vor allem etwas
Anerkennung gesucht, einen spürbaren Platz in der Nation.
Statt dessen regierte die Romantik des Reißbretts. In der Sprache der Sozialwissenschaft formuliert, die 1971 im »Geoforum«
ein Resümee zur Politik Norwegens zu ziehen versuchte: »Um
den messbaren Beitrag Nordnorwegens zum Nationalprodukt
zu erhöhen und damit den Lebensstandard zu verbessern, gilt
es, die einzelnen Erwerbszweige nach industriellen Gesichts-
punkten zu fordern. Die vielseitige Berufskombination der
Selbständigen ist diesem Ziel hinderlich, der Lohnarbeiter mit
rein monetärem Haushalt aber günstig. Dies entspricht auch
den Interessen mancher Vertreter der Wirtschaft, die solche
staatlichen Maßnahmen für verfehlt halten, die unbeabsichtigt

das unrationelle System der selbständigen Fischer-Bauern unterstützen. Als Folge der Universitätsgründung in Tromsö wird eine Änderung der Mentalität erhofft, die zum Lohnarbeiter motiviert. Negative Wirkungen des Nordnorwegenplanes auf die Bevölkerung hat [der norwegische Sozialwissenschaftler Ottar] BROX (1966) zur Diskussion gestellt.« Oder etwas knapper, am Ende dieses Berichts ausgesprochen: »Für viele Haushalte bestanden die Geldquellen fast nur aus Sozialleistungen des Staates und Gelegenheitsarbeit bei wochen- oder monatelanger Abwesenheit. Der Ertrag der Höfe deckte häufig nur den eigenen Naturalienbedarf.« Nein, der Norden war lange alles andere als ein Zukunftsland. Der Norden galt als reiner Zuschussbetrieb, als eine Region der schlecht Ausgebildeten, stark Rauchenden, der überdurchschnittlich stark im öffentlichen Dienst Beschäftigten, und dass es ihn gab, konnte man zuweilen ganz vergessen. »Wo willst Du überhaupt hin?« wurde im Road Movie »North« der Mann auf dem Schneemobil gefragt, der von einem Tag auf den anderen aufbrach, ein selbstmitleidiger Ex-Sportler mit reichlich Alkohol im Gepäck. »Nach Norden«, antwortete der. »Ich habe einen Sohn da oben«. Genau so war es. Südnorwegen musste erst völlig im Eimer sein, um sich an die Verwandtschaft im Norden zu erinnern. Irgendwie. »Es gibt keinen Grund für diese Stigmatisierung«, sagte Rafaelsen, als Regionaldiplomat Norwegens wichtigster Mann an der Grenze. Ganz im Gegenteil, meinte er: Ein Norden, der sich entwickle, könne endlich seinen Teil zur Nation beisteuern, »und zwar auf eine verantwortungsbewusste Art und Weise.« Was er denn nun damit genau meine, fragte ich. »Der Modernisierungsschub, den wir jetzt vorantreiben«, sagte er, werde entgegen aller Unkenrufe »ein ungeheurer umweltpolitischer Gewinn sein. Ohne umweltpolitisches Bewusstsein gibt es keine weitere Entwicklung, weil dann rasch Schluss mit der Arktis wäre.« Es ärgerte ihn, dass die Herren in Oslo dem Norden nichts und alles zutrauen. Dass sie noch immer nach Süden schauen, wenn sie politisches Agenda-Setting betrieben. Dass sie den Norden nicht sehen wollen, weil sich in der Politik nur mit sozialpolitischen Themen punkten lässt, »und wenn sie ihn sehen, interessieren sie sich für hundert Klimaforscher auf Spitzbergen und nicht für die Aussichten der Jugendlichen in der Barentsregion.« Dabei hing doch alles mit allem zusammen

Rune Rafaelsen, der Schnellredner vom »Barentssekretariat«, machte eine kleine Pause. Er kam aus Kirkenes, es trieb ihn hinaus in die Welt, nach Bergen und nach Stuttgart, und trotzdem kehrte er zurück. Für ihn, den einstigen Geografielehrer, gab es einfach keine spannendere Region in der Welt als die Barentsregion. »Dieses Land an der Grenze war schon zu Sowjetzeiten spannend. Jetzt ist es der Gewinner der Geschichte. Ein Gewinner der technischen Entwicklung. Es wird selbst ein Gewinner des Klimawandels sein. Und für Menschen wie mich ist unvergleichlich schön, in seiner Natur leben, fischen und jagen zu können. Hier oben, das ist die absolute Freiheit.« Sprach es und verschwand mit seinen Skiern im Wochenende.

Später las ich das Interview, das Rafaelsen einer Presseagentur gegeben hatte. Die Agentur hatte Gerüchte vernommen, nach vierzig Jahren Verhandlung stehe ein Deal in der umstrittenen norwegisch-russischen Grenzfrage ins Haus.

»There is zero potential«, sagte Rafaelsen prophetisch, »for military conflict in the Arctic«. Damit hob er sich merklich von dem ab, was namhafte Verteidigungsexperten seit Jahren predigten. Denn zwar wurde kurz darauf, bei einem Besuch des russischen Präsidenten Medvedev in Oslo, tatsächlich das von Rafaelsen im Agenturgespräch prophezeite Agreement für die 175.000 Quadratkilometer im Osten Svalbards verkündet, deren Öl- und Gasvorkommen sich als besonders wertvoll erweisen könnten; Russland überschlug sich in Oslo in Freundlichkeiten, sprach von Partnerschaften, historischen Gemeinsamkeiten und einer gemeinsamen, von norwegischen und russischen Unternehmen voranzutreibenden Erschließung der Arktis. Aus Sicht einiger Experten aber hing diese Annäherung deutlich auch mit dem Annäherungskurs des amerikanischen Präsidenten und damit zusammen, dass Amerika im großen Stil auf einmal Erdgas aus Schiefergestein gewinnen konnte. Und wie würde Norwegen reagieren, falls russische Einheiten eines Tages doch norwegische Gebiete im Nordmeer in Beschlag nehmen würden? Russland, warnte einer der Experten im Vorfeld der Vereinbarung, habe nun einmal eine »politische und militärische Tradition der nüchternen Kosten-Nutzen-Analysen« und nichts deute daraufhin, sich von ihr verabschieden zu wollen. Und nein, nein, dass Vladimir Putin just während der russisch-norwegischen Verhandlungen eine Reise zu den Eisbären auf Franz Josefs Land unternahm, war natürlich völlig unbedenklich, eine private, wissenschaftlich begleitete Reise im Dienste des Artenschutzes, gewissermaßen. Dass er von Russlands Militärbasen im Eis sprach. Von Rohstoffen, Handelsrouten und »many many interests«.

Dass er sich höchst selbst über einen betäubten Eisbären kniete, um dem Tier einen Bewegungsmelder umzulegen – all dem wohnte angeblich keinerlei machtpolitische Symbolik inne.

INDUSTRIA HOMINUM NATURAM VINCIT

Hammerfest – 70 Grad Nord – Nachhaltiges Wachstum

Es war kaum Nachmittag, und doch hätte der Flieger bereits im letzten Sonnenstrahl zur Landung in Hammerfest angesetzt, wenn nur ein Fleckchen Sonne zu sehen gewesen wäre. Hammerfest aber war grau. Wie eine Wetterfräse grub sich der Propeller durch eine Regenwolke nach der anderen, und je näher wir der Gasfabrik von Melkøya kamen, je waghalsiger der Pilot auf die Felsplatte mit dem Flugfeld zusteuerte, umso lauter dröhnten die Motoren. Dann, nach einem kräftigen Ruck, war es auf einmal so still, dass ich den Wind über dem Plateau und das Klappern der Schuhe auf dem Asphalt vor dem Abfertigungsgebäude hören konnte. Ich musste warten. Es dauerte einige Minuten, bis sie das Gepäck aus dem kleinen Flieger geholt hatten, die anderen Mitreisenden stiegen in ein Sammeltaxi, das sie zur Gasfabrik bringen sollte, und weitere Taxis sah ich nicht. Warten also. Als das Taxi endlich zurückkam, teilte ich es mir mit einem Mann mit Wollmütze, der von Hammerfest aus ein Schiff besteigen wollte, mit unbekanntem Ziel. »Wir suchen nach Gold«, sagte er grinsend. Ein Kanadier oder Amerikaner. Mehr sagte er nicht.

Die Kinder waren schon auf dem Weg ins Bett. Ich zog die Schuhe aus, wie man es im Norden macht, schlich ins Haus, freute mich darüber, dass die verloren geglaubte Wollmütze noch immer auf dem Haken an der Tür hing. Und über Jon Arne, natürlich, der in der dampfenden Küche stand wie ein langhaariges Weltwunder und mit einer Pfanne hantierte. »Jetzt bist Du also am Nordpol gelandet«, sagte ich. Vor dem

Fenster, auf dem Sund, war auch jetzt die rote »Arctic Princess«
mit ihren kugelförmigen Aufbauten zu sehen. Jon Arne lachte
und öffnete eine Flasche Wein: »Ich kann es noch immer nicht
glauben, dass der Wein bei Euch so billig ist.« Wir stießen auf
den Nordpol an, obwohl es bis zum Nordpol noch ein gutes
Stück hin war.

Natürlich hätte ich noch weiter nach Norden fahren können, nach Spitzbergen zum Beispiel. Auch das Interesse an
Spitzbergen stieg deutlich, es gab die Sveagruben, die den
Kohlebetrieb gerne intensivieren würden, Fischproduzenten,
die über Anlagen auf Spitzbergen nachdachten, es gab Satel-
litenanlagen, die ganz harmlos und pazifistisch sein sollten,
die Russen, die in Barentsburg Ende 2007 mit einer Kommission unter Führung von Vizepremier Sergej Narysjkin auf-
schlugen, schnurgerade im Rücken wie nie zuvor. Und es gab
Odd Olsen Ingerø, den Gouverneur. Ein interessanter Mann.
Er stammte aus Südnorwegen , träumte sich als Kind nach
Spitzbergen und war lange, just in den Jahren des sowjetischen
Kollapses, Polizeichef von Kirkenes. Odd Olsen Ingerø, der
Gouverneur, wäre bei einem Gespräch wohl zurückhaltend
gewesen. Er sei doch Staatsdiener und nicht Politiker, hätte
er gesagt und von dem französischen Ballon erzählt, der eben
von Spitzbergen aus zum Nordpol aufbrach. »Wie wird Spitzbergen in zwanzig Jahren aussehen«, hätte ich ihn trotzdem
gefragt. Seine Antwort hätte so gelautet: »Das hängt von der
Temperaturentwicklung ab und davon, ob hier neue Kohlevor-
kommen gefunden und wie sie erschlossen werden.« Er hätte
von seiner politischen Aufgabe erzählt, »ein sicheres und soli-
des Familienleben in Longyearbyen zu ermöglichen. Fällt der

Grubenbetrieb fort, werden wir andere Wirtschaftszweige als Ersatz finden müssen.« Und er hätte sich zu der Bemerkung hinreißen lassen: »Was die Russen betrifft, merken wir im Alltag nichts von Spannungen. Wir haben dafür zu sorgen, dass die Bestimmungen des Spitzbergen-Vertrages eingehalten werden, die Russlandpolitik wird in den Hauptstädten gemacht.« Da hätte ich natürlich nachgehakt: »Und das Öl, und das Gas?« Er, seelenruhig: »Der Gedanke, von hier aus könne eines Tages Energie gefördert werden, ist vorläufig noch sehr weit entfernt. Zumindest sehe ich das nicht für die Gebiete, die im Vertragsbereich liegen. Da sehe ich schon eher, dass Spitzbergen eine Rolle für das neue Verkehrsnetz zur See im Norden einnehmen könnte, falls sich das Eis noch weiter zurückziehen sollte. Als Versorgungsbasis beispielsweise und Station der Rettungsdienste. Hier gibt es ja schon heute eine Hubschrauberstation.«

Für dieses Spitzbergen aber war ich noch nicht bereit. Ganz abgesehen davon, dass ich mein persönliches Welt-Ende bereits gefunden hatte. Es lag in Hammerfest, und Jon Arne war der zugehörige Eisbärhirte, auch wenn es in Hammerfest ein wenig – trotz Eisbärclub und Eisbärdenkmal – an den gefährlichen Riesen mangelte. Man weiß nie, was der Klimawandel noch für Überraschungen parat hält. Jon Arne, einen der Pfarrer in Hammerfest, kannte ich schon lange. Ich hatte erstmals in Oslo von ihm gehört. Damals saß ich in einem mordshässlichen, dreieckigen Studenten-Hochhaus am Stadtrand. Das Haus erlaubte einen Blick über die Stadt, die Inseln und den Fjord, und während ich auf Hilfslieferungen aus der Heimat wartete, stöpselte im Nebenzimmer einer die Gitarre ein, mitten in der Nacht. Das war Jon Arne, der Jazzer aus

Hönefoss. Er vermittelte mir den Eindruck, als sei ganz Norwegen eine Jazznation. Er zeigte mir die Bars, in denen echter Jazz gespielt wurde, die Clubs, in denen sich die Wesseltofts, Molvaers und Aarseths austobten. Er studierte Theologie und betrieb nebenher Politik, und wenn es ihm zu unruhig wurde in der Großstadt, dann zog er sich in die Hütte seiner Familie zurück, irgendwo draußen in der unberührten Natur, wo nichts war als der große Überblick und die Erinnerung an die Deutschen, die dort, an einem See in der Bergen, einige Widerstandskämpfer erschossen.

Dann lernte Jon Arne eine hübsche Blonde kennen. Aus Andøya, nördlich des Polarkreises. Die folgenden Telefonrechnungen müssen ihn in den Ruin getrieben haben. Das Glück auf der Postkarte, die er mir schickte, war hingegen unbezahlbar: Sie zeigte ein Brautpaar, er im nostalgischen Anzug, sie ein einziges Lächeln, und beide halten sich sturzglücklich auf einem Strand an der Hand, irgendwo im Norden, wo es schroffe Berge direkt am Meer gab und Boote, von denen die Touristen aus auf Walsafari gehen. Kurz darauf verließen Jon Arne und Silje die eben erst gekaufte Wohnung in Oslo, um nach Hammerfest zu ziehen. »Ans Ende der Welt«, sagte Jon Arne. So sah es auch Silje. Sie stammte aus dem Norden. Hammerfest aber lag selbst von ihrem Heimatort noch einmal vierzehn Stunden Autofahrt entfernt. Hammerfest lag sogar von Tromsø, der mit 67.000 Einwohnern und Universitätskrankenhaus wichtigsten Stadt im Norden, noch einmal sieben oder acht Autostunden entfernt. Und mit dem Flugzeug war es kaum besser. Als ich die Freunde zum ersten Mal in Hammerfest besuchte, hatte Jon Arne zu Alta geraten, dem letzten der Flughäfen, die zu bezahlbaren Preisen angeflogen wurden; Alta lag zwei einsame Autostunden von Hammerfest entfernt. Diesmal wählte ich Hammerfest, den Flughafen auf dem Berg, musste dafür allerdings in Tromsø umsteigen und Stunden warten. Wesentlich schneller war das nicht.

»Es ist schon nicht das Gleiche, ob man Freunde und Familie wöchentlich sieht oder zwei, drei Male im Jahr«, sagte Jon Arne später. Die beiden Kinder schliefen jetzt wohl wirklich. Silje kam jedenfalls die Treppen herunter, sagte »Hallo Matthias«, als käme ich öfter vorbei, und schnappte sich den Laptop, um einige Zeilen für ihre Freundinnen auf »Facebook« zu hinterlassen. »Wer das in Kauf nimmt, muss schon eine offene Haltung zum Leben haben, die Erwartung, dass das Leben dir noch etwas Neues zeigen wird – andere Seiten des Lebens als die, die du bereits gesehen hast. Es geht wohl kaum ohne den Glauben daran, dass das Leben gut ist und gut bleiben wird, vielleicht sogar besser, wenn man sich zu neuen Wegen aufmacht.« Da sprach nicht nur der Pfarrer mit. Da sprach ein Mann, der von Berufs wegen mit den Leuten darüber spricht, was sie an- und umtreibt.

Was ihn selbst bewegt, erfuhr das ganze Land. Als Jon Arne gefragt wurde, ob der norwegische Rundfunk eine seiner Predigten landesweit übertragen könne, sagte er zu und bereitete für diesen Radiogottesdienst einen Text aus dem Lukas-Evangelium vor – die Geschichte vom armen Lazarus und vom reichen, gefühlskalten, in unbesorgtem Luxus lebenden Mann. Es lag auf der Hand, dass er mit dem reichen Mann die Norweger in ihrer neuen Nationaltracht meinte, der Uniform der Offshore-Arbeiter. »Die in der Bibel geschilderte

Geschichte ist heute leider sehr aktuell, in unserer Zeit, in unserer Gesellschaft«, sagte er in die Mikrofone (ich dachte an die wohlhabende norwegische Studentenkolonie, die mir einmal in Australien begegnete: junge Leute, die sich ihren staatlichen »Studienkredit« auszahlen lassen, um mit dem Geld champagnersprudelnde Yachtpartys an der »Gold Coast« zu veranstalten). Die Norweger werden das verstanden haben. Jon Arne war ein guter Hirte, auch in einem Norwegen ohne Eisbären.

Wir fuhren aufs Wasser hinaus, am nächsten Tag. Die Fähre war klein. An Bord waren nur einige Alte, die Jon Arne grüßten, ein Junge, den er aus dem Konfirmandenunterricht kannte, und ein Ehepaar, das ihn leise zu sich herbeiwinkte, um für ein Begräbnis zu danken. Das Schiff ließ die Gasfabrik bald hinter sich und steuerte Ortschaften an, deren Häuser im Morgenlicht bunt leuchteten. Etwas verlassen wirkten sie trotzdem. Dass die Insel Sørøya mitunter Beachtung fand, lag eigentlich nur an einem sowjetischen Kreuzer, der zur Verschrottung nach Indien geschleppt werden sollte und sich versehentlich vom Schlepper löste. Die rostige »Murmansk« trieb an Weihnachten 1994, die Glocken sollen gerade geschlagen haben, einfach auf die Inselfelsen und blieb dort stecken. Im belebteren Süden der Insel ist sie eine Attraktion. Im Norden, bei Hammerfest, suchte man Attraktionen vergeblich. Nicht von ungefähr schien mir auf einem der Schiffsanleger ein Container zu stehen, in den sie ausgemusterte Schulstühle geworfen hatten.

»Quatsch, du siehst, was du sehen willst«, sagte da Jon Arne und zeigte an Land. »Da ist doch die Schule, da oben, und dahinter nur magische Natur.«

Es stellte sich heraus, dass es in der Schule quicklebendig zuging. Tatsächlich. Einige Achtklässlerinnen waren vor kurzem nach Dortmund gefahren. »Das war sehr spannend«, schrieben sie nach Norden, »denn die Schule von Hanne und Jule ist viel größer als unsere in Akkarfjord. Es gehen dort ca. tausend Schüler zu dieser Schule. Das war zuerst ein großer Schock, weil es so laut war.[…] Wir sind im Westfalenpark und auf dem Florianturm gewesen. […] Wir sind oft mit der U-Bahn durch Dortmund gefahren, sogar einmal allein – und auch zu Hause angekommen. Der Weihnachtsmarkt in Dortmund ist mit dreihundert Verkaufsständen sehr groß gewesen. […] Einmal waren wir auch im Tierpark, wo wir Löwen, Tiger, Giraffen, Kängurus und noch viele andere Tiere gesehen haben. […] Wir waren in der Dortmunder Oper und haben uns das Ballett ›Der Nussknacker‹ angeschaut […]« Offenbar war Akkarfjord doch etwas stiller als, sagen wir, das Ruhrgebiet. Und das war es, was das Leben hier oben ausmachte, erst recht für Familien. Die Ruhe, die Stille, das Licht, und so weiter. Je mehr ich darüber nachdachte, umso größer wurde die Sehnsucht nach einem solchen Leben.

Eine Schülerin von Akkarfjord nahm übrigens einmal an einem Wettbewerb teil, den der Verwaltungsbezirk Finnmark ausgeschrieben hatte, zuständig für eine Region von der Größe Dänemarks. Die Schüler sollten sich in einer Kurzgeschichte Gedanken über das Leben in der Finnmark im Jahr 2025 machen. Den ersten Platz belegte eine Schülerin vom Nordkap. Sie hatte das Aufblühen eines kleinen Fischerortes beschrieben. Die Kirche im Ort war eben erst neu angestrichen worden, der alte Kolonialhändler hatte wieder geöffnet, die Fischer waren auf See, die Pfarrer kamen mit der Taufe der Neugeborenen kaum hinterher, und sie selbst, 2025 eine erfolgreiche Unternehmerin, glaubte daran, dass die positiven Effekte der »ständig wachsenden Ölindustrie in der Finnmark auch die peripheren Orte erreichen würden.« Marianne, eine Neuntklässlerin aus Akkarfjord, die ihren fünfzehnten Geburtstag bei Keks, Brause und einem Schlittschuh-Ausflug über das Eis feiern würde, erreichte den fünften Platz. Sie prophezeite die Übernahme der Region durch Militärs, die sie als letzte der hiesigen Frauen nach Südnorwegen schicken würden.

Jon Arne liebte es hier draußen. Er mochte kein Sportler sein. Aber er liebte die Weite der Landschaft und überhaupt die Natur, und er liebte es, beruflich mit dem Boot zu kleinen Ortschaften zu fahren, in denen es einen Gottesdienst nur wenige Male im Jahr gab. Nicht, dass er einen Bogen um die Industrie des Landes machen würde. Vor einigen Jahren, er wohnte noch in Oslo, reiste Jon Arne gar nach Westen, um per Hubschrauber zu einem Gottesdienst gebracht zu werden – für Ölarbeiter, die Weihnachten an Bord eines Produktionsschiffes verbringen mussten, eingeschlossen von haushohen Wellen. Aber er mochte es schon sehr, hin und wieder mit einer der kleinen Fähren unterwegs zu sein so wie einst Eivind Berggrav, der legendäre Bischof, der als widerspenstiges Kirchenoberhaupt im Dezember 1944 auf der Titelseite des *Time Magazines* landete. Über seine Amtsreisen durch das ärmliche Nordnorwegen schrieb Berggrav 1937 das auch ins Deutsche übersetzte Buch »Land der Spannungen«. Die Reisen musste er noch größtenteils per Boot durchführen, so wie seine Kundschaft ebenfalls per Boot zu den Kirchen aufbrach. Ein alter Mann etwa, den er traf, war bereits zehn Kilometer unterwegs. »Er befand sich auf dem Weg zur Kirche und hatte nichts dagegen, sich bei uns anzuhängen, aber müde war er noch nicht. Ein Mitglied des Gemeindekirchenrats kam sonnabendnachmittags ins Pastorat zur Sitzung. Drei Stunden hatte er rudern müssen, um hierher zu gelangen. Nun würde er doch selbstverständlich hier übernachten, um am Sonntagvormittag in den Gottesdienst zu gehen? Nein, antwortete er, er müsse heute Abend wieder nach Hause rudern, da er versprochen hätte, mehrere seiner Nachbarn am nächsten Tag mit in die Kirche zu nehmen.« Das war einmal, dachte ich. Berggrav hatte mit dieser Reaktion seiner Leser gerechnet. Es habe keinen Zweck, darüber noch Worte zu verlieren, »dass so etwas im Zeitalter des Motors verschwindet. Statt dessen kommen andere Dinge. Der Übergang kann tot und abgestorben aussehen, aber das Leben erneuert sich stets.« Es habe auch keinen Zweck, schlecht über neue Straßen und die »Steuerradkrankheit« zu sprechen. Die Kirchen mochten mit dem anbrechenden Zeitalter des Autos auf einmal »fast alle an falschen Orten« stehen. Sie waren so angelegt worden, dass sie per Boot erreichbar waren, und diese Boote mussten bei Sturm auch schnell über flache Strände an Land gezogen werden können. Doch »wir müssen uns damit abfinden, dass alles Alte stirbt. Das Leben wird Neues schaffen«, lässt Berggrav den Straßenbaumeister sagen. Das Buch, das er schrieb, war nicht nur eine Liebeserklärung an den Norden des Nordens, an eine Region, in der jeder Fachmann sein musste, um den Alltag zu überstehen. Es war ein Buch über ein Land im Aufbruch. Schon damals. Berggrav selbst träumte schon aus symbolischen Gründen von der Aufforstung des Ödlandes: »Ein Wald wächst langsam. Das Leben auf kurze Sicht ist spannend [...] Der Wald gibt den Menschen ein mahnendes Beispiel. Er zeigt uns das zwar lange, aber sichere Wachstum.« Sobald es mit dem Zeitreisen klappen sollte, werde ich ihm einen Artikel aus dem *New Scientist* im November 2009 schicken: »Trees in far north provide biggest climate benefit«.

Am Rathaus von Hammerfest stand ein Spruch an der Tür: *Industria hominum naturam vincit.* Der Menschen Fleiß besiegt die Natur. So ist das, wenn man an der See wohnt, die vielen Familien am Meer Unglück brachte. Wenn man Winter überstehen muss, in denen die Sonne nicht zu sehen ist. Hammerfest hatte bereits 1891, heißt es, als erste europäische Stadt eine elektrische Straßenbeleuchtung und ein Wasserkraftwerk. »Von dieser Einstellung scheint mir heute noch viel übrig zu sein.« Es war Jon Arne, der mich auf die Inschrift stieß, kurz bevor er mir die kleine Begräbniskirche zeigte. Sie war das einzige Gebäude hier, das die deutsche Rückzugstaktik der »Verbrannten Erde« 1944 überlebte. Durch die bunten Fenster der neuen, an der Straße gelegenen Betonkirche konnte man die Gasfabrik sehen, die wie ein leuchtendes, aus der Zukunft hereingebrochenes Raumschiff auf dem Wasserspiegel lag.

Jon Arne und ich überlegten, ob wir es noch bis Alta schaffen würden. Dort gab es das Wasserkraftwerk von Sautso, das von erbitterten Kämpfen erzählte: vom Protest der Sami, deren selbstständige Unternehmer schon vor Jahrtausenden Rentierzeichnungen in die Felsen Altas ritzten und sich Ende der Siebziger, ein filmreifer Aufstand, gegen die Zerstörung ihres Lebensraumes durch den Bau eines Wasserkraftwerkes

zu stemmen versuchten. Oder zumindest bis Kvalsund. Kvalsund war stolz auf seine Vogelvielfalt, experimentierte mit
einem Gezeitenkraftwerk und hoffte gleichzeitig auf die Öff-
nung einer Kupfermine. Diese Geschichte mochte ich schon
deshalb, weil einzelne Akademiker gleich auf die ersten Meldungen hin neue Studiengänge in Mineralgeologie vorschlu-
gen. Dieser Automatismus war gut. Er hatte an den kleinen
Fachhochschulen der Finnmark bereits zu Bachelorkursen in
»Hottelladministrasjon«, »Friluftsliv«, »Energiteknologie«
und Lehrstunden in Wirtschaftsrussisch geführt. Er war überhaupt ein Kennzeichen für den Aufbruchsgeist im Norden:
»In the North, for the North, by the north«. So lautete das
Motto der »University of the arctic«, eines Netzwerks, das
die Synapsen der arktischen Bildungseinrichtungen rund um
den Globus verknüpfte.

Statt dessen kauften wir uns beide einen Kaffee. Wir fuhren zur Meridiansäule. Wir blickten auf die farbschwachen
Gebäuden der Firma »Arctic Seaworks«, deren Taucher und
Mini-U-Boote auf Unterwasserverkabelungen spezialisiert
sind, das Meer war unruhig, der Wind war stark, das Tageslicht verschwand. Dann fuhren wir mit dem Volvo nach Hause.

Ich schlief wenig in dieser Nacht. Zu dem alten Papier, das
ich auf den Streifzügen durch die Antiquariate gesammelt
hatte, zählte die Erstausgabe des Deutsch-Nordischen Jahrbuchs von 1914 und eine winzige, vom »Deutsch-Nordischen
Verkehrs-Verband« herausgegebene Broschüre aus demselben
Jahr. Auch diese beiden Bände hatte ich nach Hammerfest
mitgenommen, und beschloss, sie noch vor dem Eintreffen
der Fähre um fünf Uhr früh zu lesen. Das Unterfangen war

anstrengender als gedacht. Der germanentümelnde Ton der Veröffentlichungen war abstoßend, nicht anders das Bemühen, dem vermeintlich überbevölkerten Deutschland den unterbevölkerten Norden als Frontlinie gegen die russische Gefahr und Alternativland zu Amerika zu präsentieren, dem Ziel der Emigrantenströme. Selbst im Anzeigenteil fanden sich Ankündigungen, wie sie uns heute fremd sind: Ein norwegischer Fabrikant warb für kriegstaugliche Rucksäcke, ein Pelzhändler mit Eisbärfellen, die »Hundertjahrausstellung« in Kristiania, Oslo also, sogar für einen Vergnügungspark, in dem ein »Kongo-Dorf mit achtzig Eingeborenen« die Attraktion war. Trotzdem vermerkte ich zwei Aufsätze des Jahrbuchs mit Lesezeichen. Sie enthielten Absätze, die auch aus einem Zeitungsartikel der Gegenwart hätten stammen können. Der erste von ihnen, »Die Entwicklung Nordschwedens«, beschäftigte sich mit der Verkoppelung von Industrie- und Bildungspolitik in den abgelegenen Gebieten: »Auf die nördlichste Provinz seines Reiches, Norrbotten, setzt Schweden, obgleich sie zum guten Teil nördlich vom Polarkreis liegt, seine größte Hoffnung in volkswirtschaftlicher Beziehung. Von der intensiven Ausnutzung der Wasserfälle im Zusammenhang mit dem Erzreichtum des Gebietes verspricht man sich in Zukunft die Entwicklung einer großen Industrie.« Der zweite, »Die Industrialisierung Skandinaviens als europäisches politisches Problem«, war ebenfalls ein Produkt des gleichermaßen rassistischen wie kolonialistischen Zeitgeists. Aber er führte aus: »Seit langer Zeit war von den unerschöpflichen Naturschätzen Skandinaviens in der europäischen Fachpresse die Rede gewesen; aber erst seit etwa einem halben Jahrzehnt, nach

Überwindung schwerer Krisen im Beginn des zwanzigsten Jahrhunderts und namentlich seit der Auflösung der skandinavischen Union, hat der Wille zur wirtschaftlichen Machtentfaltung [...] mit elementarer Wucht begonnen.«

Vor diesem Hintergrund erschien mir auch die »den Besuchern der Wasserkante« 1914 gewidmete Reisebroschüre des »Deutsch-Nordischen Verkehrs-Verbandes« in einem anderen Licht. »Auf zur Erholung, auf gen Norden!«, hieß es darin unentwegt. Man reise nicht nach Norden, »um mit der Fahrt eines Schnellzuges von Stadt zu Stadt zu jagen und deren Kunstschätze zu bewundern«. Man suche vielmehr die »feierliche Stille der Natur, leichte, ozonreiche Luft« – ganz nach dem Vorbild von Kaiser Wilhelm II. Denn der war bekanntlich Jahr für Jahr mit einer illustren Männergesellschaft auf Nordlandfahrt gegangen. 1914 konnte er auf »sein 25-jähriges Jubiläum als Tourist in Norwegen« zurückblicken. Und die Touristen, die es als Miniatur-Imitate ihres Kaisers auf Nordlandtour zog, als wären sie Wilhelms Avatare, blickten auf die überlebensgroße Fridtjov-Statue, die Wilhelm II. – in Begleitung seiner Flotte – bei Balestrand in den Sognefjord stellte. Das Ding war nicht nur das Blut- und Boden-Pendant zum »siegenden Achill«, das der Kaiser auf Korfu erbauen ließ. Es sah aus wie eine der steinernen Königsstatuen, die Argonath, die im »Herr der Ringe« den Fluss Anduin bewachen.

Warum eigentlich wollte ich unbedingt noch zum Nordkap, bis heute Ziel einer jeden Nordlandreise? »Da hier meist ein kalter Wind weht, vergesse man den Überzieher nicht«, mahnte der alte Baedeker. »Eine Granitsäule erinnert an den Besuch des Königs Oskar II, 2. Juli 1873, [...] an den Kaiser

Wilhelms II, 22. Juli 1891. In einem Pavillon wird Sekt (die halbe Flasche von fünf Kronen an) verkauft. [...] Östl. vom Nordkap befindet sich im Meere eine reiche Fischbank, an der die Reisenden der Touristenschiffe sich meist einige Stunden mit Angeln zu vergnügen pflegen.« Ich bekam Angst vor dem Mallorca-Feeling. Ich hatte von der Straße gehört, die seit den fünfziger Jahren die Anfahrt ermöglichte, vom »Nordkaptunnel«, der 1999 die kurze Fährüberfahrt ersetzte, von der Nordkaphalle mit »Supervideograph«, von einer Hochzeitskappelle, Konferenzsälen und einem Kaffeehaus mit Waffelausgabe. Ich nahm mir vor, es nicht soweit kommen zu lassen.

Der Wecker klingelte mitten in der Nacht. Jon Arne fuhr mich durch dunkle Vororte zum Schiff hinüber, immer am Wasser entlang. Sechs Uhr dreißig. Die »Polarlys« hatte vor einer Stunde festgemacht, ohne dass ein einziger ihrer Passagiere an Land gestiegen wäre. Für die meisten von ihnen war es der sechste Tag auf See. Es war dunkel, an Deck noch eiskalt. Das Frühstück war noch nicht fertig. Mitglied im königlichen Eisbärenclub von Hammerfest, einer durchsichtigen Tourismus-Einrichtung am Kai, würden sie erst am achten Tag der Reise werden können, auf dem Rückweg von Kirkenes. Nein, in Hammerfest, auf dem Weg nach Norden, wechselten nur einige Güter vom Schiff aufs Kai und zurück, einige Paletten Holz vielleicht, ein Schneescooter, etwas Düngemittel, ein Sarg; was man eben transportiert, wo Autorouten durchs Hinterland oder Flugzeuge auch heute noch keine Alternative zum direkten Seeweg sind. Svolvær, Stokmarknes, Sortland, Harstad, Honningsvåg, Vadsø. Das stand auf den weißen Aufkleberbändern, die im Frachtraum hingen, in einem Holzregal.

An der Pinnwand des Personalkabuffs nebenan steckten DIN-A4-Bögen mit Instruktionen und ein Pin-Up-Kalender. Keine Frage, im Bauch des Schiffes war die Seefahrt noch Seefahrt. In den Obergeschossen hingegen war sie mehr ein Hotel, per Motorkraft entlang gezogen an der unendlichen Panorama-wand des Nordens. »Die schönste Seereise der Welt«, warb Hurtigruten in seinen Katalogen. Das war nicht ganz falsch. Es täuschte aber ein wenig darüber hinweg, dass die Touris-ten (400.000 Passagiere hatte Hurtigruten im Jahr 2009, 110.000 davon waren Touristen, und ein Drittel davon kam aus Deutschland) immer auch dazu dienten, das Zuschussge-schäft eines ganzjährigen Fährbetriebes an der unvorstellbar langgestreckten und zerklüfteten Küste aufzupolieren.

Denn darum ging es, als die Schnellverbindung – Hur-tig-Ruten – in den 1890er Jahren eingerichtet wurde: Schiffs-verbindungen nach Norden hatte es natürlich schon zuvor gegeben. Mit einem Schiff war bereits Ottar, der Kaufmann von den Lofoten, im neunten Jahrhundert in den Norden gefahren, bis er das Weiße Meer erreichte; von ihm stammt die älteste Beschreibung von Norwegen – dem Land, das sei-nen Namen durch den entlang der Küste führenden Schiffsweg nach Norden erhielt. In den Wintermonaten wollten sich nicht einmal die geschäftstüchtigen Dampffahrtgesellschaften des 19. Jahrhunderts auf regelmäßige Verbindungen nach Norden einlassen, da es an zuverlässigen Karten, Leuchtfeuern und Erfahrungen mangelte. Das wagte erst Richard With, ein in Tromsø geborener Kapitän und Kaufmann, der schon mit sei-nem Vater viel in den Gewässern des Nordens unterwegs gewe-sen war. Er wusste, wie sehr vor allem die Fischindustrie auf

Transportkapazitäten hoffte, er sagte zu, nachdem 1891 eine Schnellverbindung ab Trondheim ausgeschrieben wurde, und schon er erhielt, als seine Schiffe 1893 den Verkehr aufnahmen, für den Transport von Passagieren und Post staatliche Subventionen, ebenso die beiden anderen Hurtigruten-Linien, die zum Einsatz kamen und das Streckennetz in Richtung Bergen und Kirkenes verlängerten.

»Wenn es eine Verbindung wie die Schiffe der Hurtigruten nicht gäbe, wäre in vielen kleineren Orten im Norden bereits das Licht ausgegangen. Das würde die Entvölkerung ordentlich antreiben.« Auch Olav Fjell war an Bord der »Polarlys«, so dass wir ein wenig reden konnten. Lange war er für die Waffenfabrik in Kongsberg und für norwegische Banken tätig, auch für Statoil und das Inkassounternehmen Lindorff. Jetzt trieb er die Sanierung von Hurtigruten voran, indem er Geschäftsfelder wie das Hotelgeschäft und kleinere Fähren verkaufte, die »Nordnorge« für anderthalb Jahre an australische Energie-Unternehmen vermietete oder Kooperationen mit der Zeitschrift *National Geographic* einging. Ein hartes Geschäft, sowohl in Zeiten steigender Brennstoffpreise wie in jenen der Finanzkrise. »Die norwegische Reederei Hurtigruten will ihren traditionellen Liniendienst an der Westküste drastisch einschränken, wenn die Staatskasse ihre Zuschüsse nicht kräftig erhöht«, meldete die Deutsche Presse Agentur im September 2008. »Konzernchef Olav Fjell verkündete, dass sein Unternehmen die fast 3000 km lange Strecke zwischen Bergen und Kirkenes künftig nicht mehr täglich, sondern vor allem im Winter nur noch ein bis zweimal die Woche befahren will.«

Schöne Schlagzeilen waren das nicht. Sie kratzten am Image eines Betriebes, dessen Firmenname mittlerweile auch vor Grönland, vor der Antarktis, vor Spitzbergen und an der Börse auftauchte. Fjell aber ließ sich nicht aus der Ruhe bringen. Er setzte auf schlankere Strukturen. Er betonte die regionalwirtschaftliche Bedeutung seines Unternehmens: »Wir laufen vierunddreißig Häfen an. Achtzehn dieser Orte finanzieren sich zu mehr als der Hälfte über die Hafenabgaben der Fähren. Das bedeutet auch, dass ohne unsere Schiffe andere wirtschaftliche Aktivitäten als die rein touristischen kaum denkbar wären.« Er suchte vor allem nach unerschlossenen Reserven, entdeckte den Wintertourismus, der früher allenfalls mit reisenden Melancholikern, mit totenstillen Geisterschiffen im Dunkel verbunden worden war. Und die Vorboten einer neuen Ära im Norden. Konnten nicht selbst »fantastische neue Industrieanlagen« wie die Gasfabrik von Hammerfest eine Attraktion sein? Die Reisenden auf den Schiffen, sagte er, fragten sich doch seit jeher, wie man hier oben, »nahe des Nordpols«, überleben könne. Hurtigruten konnte Antworten liefern. Und zugleich ein Teil der Antwort sein. Mir schien es, als gehe zumindest der Plan mit dem Winter auf. Ich hörte von Buchungen, dreimal mehr als vor fünf Jahren, die Lokalzeitungen zitierten Kapitäne, die vom Anbruch einer völlig neuen Ära nördlich des Polarkreises schwärmten, und auch die »Polarlys« war gut belegt. »Im Tourismus wird es künftig viel stärker als früher um Erlebnisse und Eindrücke gehen«, sagte Fjell, »davon profitieren gerade die exotischen, kargen Regionen in Nordnorwegen. Deshalb sind für uns auch weiterhin Angebote wichtig wie die Fahrten nach Spitzbergen, die ja vor der Wirtschaftskrise auf ein ganz gewaltiges Interesse stießen. Unsere dortigen Hotels haben wir nicht verkauft. Sie sind für unser zukünftiges Geschäft äußerst wichtig.« Auch dieser Tross arbeitet sich nach Norden fort.

Ich suchte die Stille. Während sich im Frühstückssaal die ersten Deutschen einfanden, um sich das Buffet zu sichern wie andere die Rohstoffe in der Arktis, ging ich an Deck. Der Morgen über dem Schiff war dunkelblau. Der Wind trug wieder Regen und blies stark, und das Wasser, das die »Polarlys« verdrängte, erzeugte ein wohliges Rauschen. Bei den Klappstühlen an Heck fröstelte um diese Uhrzeit nur eine alte Frau vor sich hin. Wir schauten uns gegenseitig böse an und waren verärgert darüber, das Deck mit einem anderen Menschen teilen zu müssen.

DIE STILLE, DAS LICHT, UND SO WEITER

Havøysund – 71 Grad Nord – Fisch für die Welt

Zwei Stunden waren es mit der Hurtigrute von Hammerfest nach Havøysund, die Fähre schob sich Welle um Welle heran an 71 Grad nördlicher Breite. Gut, dass es hier den Golfstrom gibt. Keine Eisberge. Keine Eisbären. Keine Seehunde wie in Grönland, die als tote Fleischpacken im Freilichtkühlschrank unter den Schiffsanlegern baumeln. Im Alltag hieß das: Die Boote kamen voran, und die Fischer konnten besser fischen. Eine nackte, schnörkellose Welt. Im Norden, an Backbord, lag die Insel Rolvsøya, die neuerdings zum Wirkungsbereich eines der reichsten Männer Norwegens zählte, Anders Pedersen: »Einnahmen 8.288.018 Kronen (rund eine Million Euro), Vermögen 244.149.204 Kronen (31 Millionen Euro), Steuern 5.077.378 Kronen (650.000 Euro)«, verrät über ihn die Steuerliste, die der demokratischen Transparenz wegen auch auf den Internetseiten der norwegischen Boulevardzeitungen einsehbar ist: »Anders verdient 3306 Prozent mehr als der Durchschnitt in Ålesund.« Als Anders Pedersen, der Klippfischkönig, sich 2006 an die Wiederbelebung des Fischernestes Tufjord machte, versprach er, durch die Fabrik die Zukunft der Region zu sichern. Trotzdem war bei den kleineren Fischern die Angst vor der Konkurrenz groß, es gab Gerüchte über Auswirkungen der Industrieanlagen auf die Wasserqualität. Der sozialistischen Zeitschrift *Klassekampen* galt die Fabrik als höchst verdächtig. Hinter vorgehaltener Hand war von polnischen Saisonarbeitern die Rede, die für drei Monate in die Fabrik am Nordkapp kamen, um rast- und schlaflos für eine Handvoll Kronen zu schuften. Ich kniff die Augen zusammen wie neulich Timotheus, der grönländische Fährmann. Aber nein. Nichts zu sehen. Was an Felsen von der »Polarlys« aus erkennbar war, wurde von einer grauen Dunstwolke verschleiert.

Das war schade. Bei der Vorbereitung der Reise hatten mich Fischerei-Lobbyisten auf die weltgeschichtliche Bedeutung des Kabeljaus aufmerksam gemacht. Die wachsende Weltbevölkerung, hatten die Lobbyisten gesagt, brauche gesunden Fisch. Sie brauche sogar mehr Fisch als je zuvor, um die derzeitige Pro-Kopf-Versorgung mit Fisch erhalten zu können, doch dieser Fisch sei kaum noch zu finden – bloß im Norden und Nordosten Europas, und zwar in rauen Mengen. Offenbar gab es auch in dieser Rohstoffbranche einen fast missionarischen Glauben daran, dass das Nordmeer, die Barentssee vor allem, die Region sei, um die man künftig nicht herumkommen könne. Ich war bei diesem Treffen etwas skeptisch, schon der Kabeljaubestände wegen, die in Kanada und in der Nord- und Ostsee eiskalt abgefischt worden waren. Die Norweger seien anders, beteuerte man aber, sie hätten effektive Kontrollen, Satelliten, Kontrollschiffe, sie seien überall auf See präsent, und sie hätten auch den Moment im Blick, an dem die Fischer ihren Fang bei den Fabriken abliefern und registrieren. Etwas Skepsis blieb dennoch. Zwar hieß es auch im »Artenportrait« des World Wide Fund for Nature 2007: »Heute leben die größten Kabeljaubestände in der Barentssee«, und auch dort war von den Versuchen Norwegens und Russlands die Rede, ein »nachhaltiges Fischereimanagement« zu organisieren; dieses Management führte sogar dazu, dass der WWF den

Kabeljau aus der Nordost-Arktis in seinem »Einkaufsratgeber« 2009 als »gute Wahl« empfahl. Gleichwohl bereitete der Fischfang im Norden Kopfschmerzen. Die Barentssee blieb »eine wichtige Zielregion für Piratenfischer«, manche fürchteten sogar, dass jeder vierte gefangene Kabeljau auf einem illegalen Schiff unterwegs war, zum Beispiel gen China (ein Land, das nicht von ungefähr erklärte, die unerschlossenen Öl- und Gasressourcen in der Arktis gehörten der Welt, auch nicht einzelnen Regionen). Wissenschaftliche Schätzungen zur Größe und weiterer Entwicklung der Bestände, wie sie als Grundlage für eine sensible Fischerei-Politik unerlässlich waren, mussten da unter Vorbehalt stehen.

Hat die gute, die sensible Fischerei gegen diese Raubfischer eine Chance? Die Fischerei befand sich ohnehin unter Druck. Wie sehr, merkte ich erstmals, als ich Mitte der neunziger Jahre nach Norden aufbrach. Die Fähre, mit der ich damals von Bodø in Richtung der Lofotenwand ablegte, war eine gewöhnliche Passagierfähre und gespenstisch leer. Außer mir war nur ein Kamerateam des deutschen Fernsehens an Bord; nach der ersten von drei stürmischen Stunden auf See waren die beiden Berufsweltenbummler allerdings nicht mehr zu sehen, da sie über der Reling hingen. Ich kletterte zum Kapitän hinauf. Er wies mir eine Ecke zu, an der ich sicher stehen konnte und grummelte etwas von »Nebensaison« und »Stürmen« und »Mahlstrom«. Dann schwieg er und ich mit ihm. Obwohl mir das als Rheinländer nicht wirklich leicht fiel. Das Boot schwankte. Am Horizont, hinter hohen Wellen, tauchte die Lofotenwand wie eine Kette von U-Booten auf, die sich allmählich aus der See erhoben. Es war Februar. Der Regen war bald Schnee. Der Tag war eine Nacht. Am Ende stand ich allein am Fähranleger in Moskenes, bis ein rostiger alter Mercedes auftauchte. Er fuhr mich viel zu rasant die verschneite Küstenstraße entlang, bis es nicht mehr weiterging. Dort ging ich im Schneetreiben über einen Steg, hin zu einer Hütte, deren Pfähle in der Nachtbrandung tauchten.

Im hintersten Winkel, ein langgestreckter Saal, fand ich vier Männer unter einer Lampe, vier Fischer und ihre Beute oder das, was von ihr übrig war. Einer von ihnen erhob sich, schlürfte müde auf mich zu. Diese und jene Hütte, sagte er in einem Dialekt, den ich kaum verstand: »Daneben siehst Du den Kramladen und dahinter die Stiegen. Der Schlüssel steckt, die Tür ist offen. Leg das Geld morgen einfach auf den Tisch.« Mehr nicht. Dann stand ich wieder im Schnee. In einem Dorf, das auf dem eisigen Sims eines Felsens kauerte, eingekeilt von massiven Wänden und der Brandung, bewacht von abertausenden Fischen, sie kopfüber an dreieckigen Holzgestellen, ich kopflos im Dunkel. Ich fror wie nie, als ich die Stiegen fand und emporstieg. Der Schlüssel steckte. Ich drehte ihn herum. Als einziger Gast einer völlig schwarzen und leblosen Pension kroch ich unter eine Decke und lauschte, wie hier und dort der Schnee von den Häuserdächern herab brach.

»Warum kommst Du nicht im Sommer, wenn hier alles leuchtet?«, wollte der Busfahrer wissen, der mich am nächsten Morgen aus »Å i Lofoten« herausbrachte. Keine Ahnung. Ich hatte die Einsamkeit kaum ausgehalten. »Eigentlich wollte ich die Lofotenfischer sehen«, antwortete ich, »habe ich ja auch. Sie saßen nach einem langen Tag bei Tisch, und heute Morgen fuhren sie schon wieder raus.« Der Busfahrer lächelte, so wie man über unwissende Fremde freundlich lächelt. »Der Fang läuft Jahr für Jahr schlechter. Manchmal merkt man es kaum. Das läuft ja in Wellen. Aber im Ganzen …«

Ein knappes Jahrzehnt später unternahm ich einen zweiten Anlauf, um den Lofotenfang zu bewundern, diesmal mit einer Ausgabe von Carl Schøyens »Der Lofot« von 1924 in der Hand. Auch in diesem Klassiker war bereits von guten und schlechten Fangjahren und der üblen Konkurrenz durch die Großbetriebe die Rede, und nur in den Erzählungen der Alten »lag das Abenteuerliche wieder über dem Zug der Milliarden von Kabeljauen im Meer, über dem ständig jammernden Chor der Vogelschwärme, und über den Nordlandbooten, die zu Tausenden ausliefen […] Der Kabeljau kam damals nicht so vereinzelt und ruckweise wie jetzt … nein, er stand wahrlich oftmals gleichmäßig und dicht von der Lofotenspitze bis nach Hopen. Und der Fang war mitunter so überwältigend, dass die Boote zweimal am Tage vollbeladen an Land fahren konnten […] Draußen war beißender Frost, und der Sturm raste wie zuvor.« Der Blick auf die Lofotenfischer, das war bei Schøyen der Blick auf die Motorbootflotte am Horizont, sie war »ein kleines Bruchstück unserer langen Grenzwacht gegen das Meer« und stand für das »Vorwärtsdrängen der neuen Zeit«, so wie im übrigen auch alle Romane Hamsuns, allen voran der »Segen der Erde«, die als Geschichten von der Modernisierung und Erschließung Norwegens gelesen werden können: skrupellose Kaufleute, gierige Grubenbesitzer, seelenlose Touristen. Die Bücher, die Hamsun schrieb, waren ein einziger Abwehrkampf, das machte sie zu Beginn des Jahrhunderts so populär, und doch trieben schon bei ihm genau auch

Leute, die vor dem Fortschritt flohen, die Modernisierung mit den eigenen Händen voran; diese Widersprüchlichkeit und bis zum Selbsthass gespannte Zerrissenheit war es, die seine Romane psychologisch so interessant machten. Als blickten wir in einen Spiegel. Umso trügerischer fand ich die Sonnenstrahlen, nachdem ich zum zweiten Mal auf den Lofoten eingetroffen war, im Frühjahr 2007. Ganz früh schon legten sie sich über das Wasser, sie tauchten die Fischerhütten und die Holzgerüste in ein merkwürdig diffuses Rot. Selbst der Fels, der so steil vom Hafen aus in den Himmel schießt, als wäre er ein Wolkenkratzer, erschien darin zart und warm und zugänglich. Ole und Kaare machten die Leinen los. Ihr Boot lag hinter der »Børsen Spiseri«, einem rustikalen Restaurant im Osten Svolvaers, das in die Räume eines Fischereigeschäftes aus dem neunzehnten Jahrhundert gezogen war. Sie hatten mich mit gediegenem Kerzenlicht empfangen, bevor ich über den Kiesweg die »Rorbuer« aufsuchte: blutrote kleine Holzhäuser über schroffem Uferstein, das Fenster zum Wasser und die Rückwand zu den Trockengestellen. Sie sahen so ganz anders aus als die grauen Werften und Häuserzeilen, die es nie in die Kataloge bringen würden.

Der Dieselmotor sprang an. Sein sattes, öliges Knattern und Keuchen überdeckte die Möwenschreie und musste auf Meilen hinaus zu hören gewesen sein. Ole und Kaare nickten sich zu. Sie genossen diesen Moment: den Augenblick im anbrechenden Tag, in dem der Motor die Stille und das Boot die ruhige Wasseroberfläche im Hafenbecken von Svolvaer durchstieß. Regungslos standen sie hinter dem Steuerrad, nur das Schiff bewegte sich, schob verlässlich auf die offene See

zu, vorbei an der geisterhaft die Fischer grüßenden Frauen-
gestalt auf dem Sockel, am Ende des Kais. Ich blickte zurück.
Noch immer strahlte das Morgenlicht das Holz der alten
Lagerhallen an. Die rote Sonne vertrieb die Dunkelheit, die
sich hinter den Schiffen und den Werften und den Geschäften
dieses kleinen Städtchens eingenistet hatte. Trotzdem war es
nicht wirklich hell. Über die Betonbrücke, die eine der ältesten
Lagerhallen im Hafen in einem Bogen überspannte, krochen
mattgelbe Scheinwerferkegel eines Lastwagens wie ein Hinweis darauf, dass meine Lofoten-Nostalgie zu großen Teilen
der Verweigerung abgerungen war, mich mit dem wirklichen
Leben jenseits des Polarkreises zu befassen. Zwar waren die
Zeiten keineswegs vorbei, in denen die Fischer zum Winter-
ende, ein Monumentalgemälde aus Wellenschlägen, Bootskör-
pern und Männergesichtern, in die Gewässer vor den Lofoten aufbrachen. Heute aber brachten nur noch einige tausend
Fischer pro Winter den Fisch empor – nicht mehr Zehntausende, die zum Winterfang früher aus der Ferne kamen und in
armseligen Hütten am Wasser übernachteten, um sich bei Tag
ein Zubrot zu verdienen. »Die Zeiten des großen Abenteuers
sind vorbei«, sagte Ole, als wir eine halbe Stunde aufs Meer
gefahren waren. Das Boot tuckerte durch die Wellen. Was an
den Gestellen an Land aufgehängt werde, sagte er, stamme nur
noch teilweise von den kleinen Booten örtlicher Fischer. An
Bord der Kutter, denen wir bei der Ausfahrt begegneten, seien
meist »Freizeitfischer« unterwegs. Wer die Fischerei als Beruf
betriebe und nicht zum Ausgleich oder puren Zeitvertreib, der
arbeite entweder in einer der vielen Fischfarmen, die allenorts
mit ihren kreisrunden Netzen und großen Tanks entstehen,

oder auf einem der Industrieboote. »Die fahren dem Kabeljau in Gegenden hinterher, in die der Fisch wegen der schwankenden Wassertemperaturen auszuweichen beginnt. Und die schöpfen bei tagelangen Fangzügen eine Fischmenge ab, von denen auch die Fischer von einst nur träumen konnten.«

Ole lächelte gequält, als er das erzählte. Er robbte an den Bug des Schiffes vor, auf allen vieren, um an ein Seil heranzukommen. »Wenn uns die Russen überhaupt noch etwas übriglassen!«, stöhnte er. Womöglich waren das die Spuren des norwegisch-russischen »Kabeljau-Krieges«, der im Herbst 2005 jenseits des Nordkaps zu einem kleinen Zwischenfall samt Verfolgungsjagd der norwegischen Küstenwache geführt hatte. Die Russen, behaupteten die Fischer auf den Lofoten weiterhin, gingen über die zulässigen Fangquoten hinaus, noch bevor die Schwärme aus der Barentssee überhaupt einen Tropfen norwegischen Wassers geschluckt haben. Und dort, wo die Russen nicht lauerten, da stampften und rollten vor norwegischen Gewässern die Schiffe der fischhungrigen Europäischen Union. Sie haben ebenfalls keinen guten Stand hier. War das mehr als der Versuch, Sündenböcke für die Dauerkrise auszumachen? Unter der abgewetzten Wollmütze und hinter der Kassenbrille jedenfalls sah Ole auf einmal noch besorgter aus als ohnehin schon. Jahrzehntelang war er auf Supertankern unterwegs, im Persischen Golf, in der Karibik. Jahrzehntelang war er stolz auf die norwegische Flagge. Jetzt war er zweiundsechzig und so viel an Land wie nie zuvor, und wenn es sich anbot, fuhr er mit den Touristen zum Fischen hinaus, um ihnen dabei zuzusehen, wie sie mit sich und den Spindeln nichts anzufangen wussten. Er selbst musste die Angelschnüre vom Rand der Reling aus in die Tiefe kurbeln, eine nach der anderen, schnell und mit einem unmerklich genervten Blick. Die Touristen hingegen standen da, lehnten in der Morgensonne, wechselten die Objektive und warteten ungeduldig auf Vollzug. Der Wind kroch eben doch durch die Ärmel der angeblichen Allwetterjacken, kalt und unbarmherzig.

»Touristen!« Ole, der Mann im Norwegerpulli, grinste zu Kaare am Steuerrad hinüber, und Kaare grinste und schaute mich an, als gehörte ich dazu. Vermutlich war es für sie ein Wunder, dass ich nicht gleich fertige Fischstäbchen am Angelhaken erwartet hatte. Angelschnur raus, Angelschnur rein. Zwei Stunden ging das so. Dann gab Ole auf. »Irgendwie ist hier heute kein Fisch drin«, schimpfte er. Kaare wiederum beschloss, mich wenigstens mit Vollgas nach Henningsvaer zu fahren. Dort standen immerhin noch Jungen aus dem Ort in der Fischfabrik, mit blutverschmierten Händen. Sie köpften, was die Fischer hereinbrachten. Mit scharfen Messern nahmen sie die Fische aus. Sie trennten die Zungen ab, schleuderten den Abfall in Tonnen und die Köpfe in Kisten, und weiter hinten, am Ortsausgang, kletterten sie wie Matrosen auf den Masten über die Holzgestelle, um beide, Leiber wie Köpfe, für windzerzauste drei Monate auf die Latten zu schnüren. So waren die Jungen noch vom Wasser zu sehen, breitbeinig, wie sie auf den Gestellen hockten. Und ich dachte an Afrika, das sich für die riesigen Kabeljauköpfe interessierte, seit seine Kolonialherren um proteinhaltige Suppen für ihre eingeborenen Arbeiter bemüht waren – Kabeljau-Reste von den Lofoten als billige Sklavennahrung. Kaare drosselte den Motor. »So. Es gibt hier unten in diesem Jahr weniger Fisch«, sagte er,

»aber die haben noch ganz sicher welchen.« Wie recht er hatte. Der Steg, an dem wir fest machten, war der eines Restaurants, die Köchin trug mit wehenden Haaren eben eine Kiste Ware herein, und neben drei Salatblättern, Weißbrot und einem Töpfchen Balsamico würde kurz darauf ein frittiertes Kabeljau-Zünglein liegen.

Wie würde es nun beim dritten Versuch sein, die Zukunft der Fischerei zu erahnen: weiter im Norden? Würde den Fischern am nördlichen Ende Europas wirklich der versprochene Fisch in die Boote springen? In der Gegend um Havøysund, hieß es, sehe es ganz danach aus. Und nicht nur das: Die Fischer in Nordnorwegen hätten auch eine neue Technik entwickelt, um den begehrten Fisch außerhalb der eigentlichen Fangsaison pflegen, schlachten und verarbeiten zu können. Ganz nachhaltig, gewissermaßen. Zumindest Svein hatte die Ruhe weg, als er hinter dem »Havøysund Hotel« auf uns wartete. Er hatte mir einen Anzug ins Zimmer gelegt, einen lebensrettend knallroten, aber es war nicht leicht, das Ding über den Bauch und den Reißverschluss bis zum Kinn zu ziehen. Als er endlich loslegen konnte, war ich so außer Atem, dass mir der Topf Fischsuppe unter Deck wie eine Drohung erschien. Die »Ingrid Maria« aber preschte aus dem Hafen, und Svein blickte auf das Meer, wie Fischer nun einmal aufs Meer blicken. Auch er setzte nach vierzig Jahren im Geschäft auf eine freundliche Beimischung Tourismus. Das Schiff, in das er investiert hatte, fuhr regelmäßig Gäste ins Nordmeer wie jene des »Norwegian Seafood Export Council«, Mitarbeiter britischer Catering-Riesen, deutsche Händler, portugiesische

Journalisten. Das alles hob Svein aus den 1200 Einwohnern der Kommune Måsøy ein wenig heraus. Er war ein Botschafter, ob er das wollte oder nicht. Diesmal wollte er. Und die Inszenierung war gut. Denn anders als auf den Lofoten, wo sich meine Begegnungen mit Fischern stets in der Bemerkung verfangen hatten, die Fänge würden schlechter und die Wege zu den Fischen länger, erlebte ich hier tatsächlich ein Schauspiel, das ich nicht mehr für möglich gehalten hatte: Die Fischmenge, die Svein hier aus dem Wasser heraufzog, armlange Kabeljau-Riesen, war enorm. Selbst ich musste keine Minute warten, bis sich der erste Fisch einen Angelhaken in die Kiemen rammen wollte, und noch während ich den ersten aus den Wellen zu heben versuchte (was leichter gesagt war als getan), biss weiter unten an der Angelschnur der nächste an. So ging das an diesem Nachmittag weiter: wie am Schnürchen.

Auch in der Fischfabrik am Hafen, in die Svein mich brachte, herrschte demonstrativer Optimismus. Das heißt nicht, dass die Arbeiter in den Eiskisten vor Übermut tanzen oder feixen würden. Dafür hatte auch Nordnorwegen schon zu viele Fischereikrisen mitgemacht, die letzte erst vor wenigen Jahren, als Oslo ein 75 Millionen Kronen teures Paket zur Rettung der Fischereiwirtschaft schnürte. Wer hier wohnte, der wusste, dass Krisen keine Erscheinung der Neuzeit waren. Der wusste, dass sie einen jederzeit packen konnten – ob nun die Märkte zusammenbrachen oder die Bestände. Svein hatte mir auf See noch die verlassene Fischerei auf Hjelmsøya gezeigt. Sie waren kaum mehr als ein toter Rest Holz, die Bretter morsch, die Fenster leer. »Die Fabrik hier«, sagte er, »produzierte Trockenfisch für den afrikanischen Markt. Sie musste dichtmachen, als in Afrika die Biafra-Kriege ausbrachen. Ihr Markt brach einfach weg, die Insel ist heute unbewohnt.« Dann fuhr er zu einer Vogelklippe, auf der die Papageientaucher das Fliegen lernten (wie das so ist: die Männchen träge im Wasser, die Frauen hysterisch am Fels, dazwischen der Nachwuchs als *fast food* für die Adler). Svein, mit einem Fernglas in der Hand:»Als Kinder mussten wir noch laut schreien, wenn wir auf der Insel waren und in die Felsen kletterten. Über 100.000 Paare Lummen gab es hier in den Sechzigern. In den Achtzigern waren es nur noch einige Tausend. Die Fischer hatten einfach nicht gemerkt, wie sehr sie just jene Bestände im Meer überfischten, die die Nahrungsgrundlage für die Vögel waren.« Nein, Garantien für eine glorreiche Zukunft gab es im Norden nie. Selbst der örtliche KGB-Agent bekam das zu spüren. Zwanzig Jahre lang blieb der Mann aus Bakfjord unbehelligt – bis er plötzlich, beim Zahnarztbesuch in Havøysund 1967, verhaftet wurde.

Tor-Bjarne Stabell, der Fabrik-Eigentümer, begrüßte mich. »Vor einigen Jahren, hätten wir noch nicht so optimistisch in die Zukunft geschaut wie heute.« Wir gingen durch die Anlagen, ein Schiff legte an. Den randvollen Bottich mit Fisch kippte es in eine Vorrichtung, hinter der der Fang gewogen und registriert wurde. Metallrutschen und Maschinen schleusten den Kabeljau weiter in die Halle. Dort wartete ein starker Kerl: mit einer Art senkrecht montierten Kreissäge. Er packte Fisch um Fisch. Öffnete ihnen mit der Säge den Rücken. Das Fleisch fiel auf weitere Bänder hinab. Und hinter denen standen die Männer und Frauen mit den Messern. Die untersuchten das Fleisch im Licht. Die schnitten Filetstücke. Schippten Eis. Pressten Fischstücke in kleine Kisten, auf dass sie eingefroren, exportiert und in Portionsgröße geschnitten werden konnten. Alles in einem atemberaubenden Tempo, »stressfrei« nur für den Fisch. Stabell lächelte: »Unser Optimismus wuchs erst in dem Maße, in dem die Ressourcenverwaltung richtig griff«. Die Fabrik hatte er in den Neunzigern gekauft. »Wir alle wissen heute, welche Vorzüge eine nachhaltige Verwaltung bringt. Die Bestände bleiben erhalten und lassen uns an die Zukunft glauben. Und wir wissen auch, dass der Markt unsere Anstrengungen honoriert.« Und trotzdem, die vielleicht zwanzig oder dreißig Saisonarbeiter an den Bändern deuteten es an: Die Sache hatte einen Haken. Kabeljausaison war stets nur in den Winter- und Frühjahrsmonaten, in den übrigen Monaten war Flaute, an vielen Tagen im Jahr stand die Fabrik gar völlig still, obwohl es einen ganzjährigen Bedarf an Fisch gab. Konnte man das nicht ändern? Industria hominum naturam vincit.

In Havøysund wollten sie das ändern, und nicht nur hier. Gleich an verschiedenen Stellen in Nordnorwegen experimentierte man in den vergangenen Jahren mit der Aquakultur. Es hatte in der Landwirtschaft funktioniert, die Rinder zusammenzutreiben und zu domestizieren. Es funktionierte in der Lachsindustrie, die in Norwegens Fjorden mit kreisrunden Aquakultur-Anlagen arbeitete. Vielleicht konnte das auch mit dem Kabeljau funktionieren – eine effektivere Massenverarbeitung? Umweltverträglich und gesund? Dieser Gedanke hatte schon in den siebziger Jahren zu ambitionierten Brutprogrammen und Feldstudien auf den Lofoten geführt. Norwegische Behörden, schrieb der Fischerei-Experte Manfred Klinkhardt, hatten in den Achtzigern sogar »annähernd 100 beantragte Konzessionen für das Kabeljaufarming« erteilt,

»von denen jedoch nur wenige genutzt wurden«. Die Probleme der ersten Jahre waren ebenso gewaltig wie unappetitlich. Zwar glaubten private wie staatliche Forschungseinrichtungen weiterhin an das Potenzial des Kabeljau-Farming. Auch einzelne Familienbetriebe träumten davon, um das Jahr 2020 oder 2030 mehr Kabeljau produzieren zu können als Lachs. Aber die Sache war weitaus kostspieliger als erwartet, und es gab Rückschläge, auch im Norden Norwegens mit seinen kühlen Gewässern.

Schon deshalb blickte man nach Bodø. Dort etablierte sich 2002 ein Unternehmen namens »Codfarmers AS«, eine Aktiengesellschaft, die mit eisblauen Polarlandschaften wirbt und als weltweiter Pionier des Kabeljau-Farmings gilt. »Codfarmers« setzte alles daran, in seinen Anlagen, Netzen und Schlachtereien hochwertigen Kabeljau produzieren zu können – vom Ei bis zum marktreifen Fisch. »Und das haben wir auch geschafft«, Henrik Vikjær Andersen, den Marktdirektor des Unternehmens, erwischte ich am Telefon, am Rande einer Messe in Brüssel. »Wir konnten in den letzten Jahren wöchentlich ernten, die Qualität war gut, wir haben Kunden wie die Metro-Gruppe in Deutschland, die unsere stabilen Lieferkonditionen schätzen. Und wir suchen den Dialog mit den Umweltorganisationen, die unsere Industrie völlig zurecht mit kritischen Fragen bedrängen.« Nicht alles, sagte er, laufe bereits wie gedacht. Auch die Sache mit den Umweltorganisationen noch nicht. Aber das sei eben so, am Anfang einer neuen Industrie, die es mit dem »responsible codfarming« ernst nehmen werde: »Die Möglichkeiten, die uns diese Technik gibt, sind enorm, die Marktforschungen vielversprechend, die erzielbaren Fischmengen bedeutsam.« Die Lösung für künftige Versorgungsengpässe liegt auch hier im Norden. Wenn es nur nicht zu schnell gehen muss.

In Havøysund waren sie da zurückhaltender. Und näher dran am Fischreichtum der Barentssee. Auch Tor-Bjarne Stabell und seine Leute experimentierten seit 2002 mit einer abgewandelten Form der Aquakultur, ermutigt von der großen Politik. Sie richteten Netze ein, wie man sie aus der Lachszucht kannte. Sie versuchten herauszufinden, wie junger Kabeljau sich in Gefangenschaft verhält, wie man ihn mit Fisch füttern, pflegen, körperlich fit und hygienisch sauber halten konnte. Und sie überredeten die lokalen Fischer, ihre Schiffe ein wenig umzurüsten, so dass die Aquakultur-Netze in den Buchten beliefert werden konnten. »Das ist es ja«, sagte Stabell, nachdem sein Boot die Netze erreichte, »wir bitten die Fischer, uns im Frühjahr mit jungem Kabeljau zu versorgen. So können wir ihn in der Nebensaison schlachten, im Herbst, und ebenso frisch an den Markt bringen wie den üblichen Fang zwischen Februar und Mai. Wir erzielen im Herbst sogar einen höheren Preis dafür und können dem Markt vor allem die Stabilität geben, die er verlangt.« Hinter ihm, auf einer metallkalten Rutsche, flutschten die Kabeljauriesen von einem Fischereiboot in die Netze, so dass ich den Fischfabrikanten für einen Bademeister hielt.

Die Barentssee – eine Schatzkammer. Doch was, wenn die Preise für Kabeljau noch einmal fielen so wie unlängst, als sie unter den politisch festgesetzten Minimalpreis sackten, und die Fabriken daher die Arbeit stoppten? Zumindest die aus Nordnorwegen stammende Fischereiministerin Lisbeth

Berg-Hansen, eine der vielen Frauen in der nordeuropäischen Politik, hatte darauf eine Antwort. In dem Fall, sagte sie bei einer Fischereikonferenz, kommen eben mehr Haushalte als je zuvor in den Kabeljau-Genuss: eine hervorragende Grundlage für gute Einnahmen, sobald die Preise wieder stiegen.

Überhaupt, diese Rede. »Visionen sind etwas, nachdem wir uns strecken sollten«, sagte sie da, »die Unternehmen ebenso wie die Behörden. Sie sollen inspirieren und motivieren.« Also formulierte sie, nicht minder euphorisch als ihre Kollegen von Gas, Öl, Kultur und Diplomatie: »Es ist die Vision dieser Regierung, dass Norwegen an vorderster Stelle der Fischereinationen stehen sollte. An vorderster Stelle.« Und steigerte sich in eine Aufputschrede, die Norwegens Fischereivertreter in eine einzige, Erlösung suchende Sekte zu verwandeln suchte. Sie bekomme von ihrem zweijährigen Enkelkind immer Fragen gestellt, die mit einem »Häh?« endeten. Warum sei Norwegen noch nicht die beste Fischereination? »Häh? Wir sind es beim Öl und beim Gas, und wir sind es bei den Werften. Keiner in der Welt hat besseren Zugang zu solch hochwertigen Rohstoffen wie wir, zumindest nicht am Meer. Warum schaffen wir es nicht, diesen Umstand besser auszunutzen?« Was sie antreibe, sagte die Ministerin, sei der »brennende Wunsch« danach, mehr Küstengemeinschaften das erleben zu sehen, was auch Lovund erlebe, eine winzige, direkt am Polarkreis liegende Insel mit wichtigen Lachsfarmen: »Einen Wachstum bei den Geburten, beim Hausbau und große Aktivität – kurz gesagt: einen großen Optimismus. Oder das, was derzeit Hammerfest erlebt, auch wenn es dort eine andere Wirtschaft ist, die Aktivität und Optimismus schuf. […] Menschen zu treffen, die sich engagieren und stolz auf ihre Sache sind, machen mich froh. [...] Hier geht es nicht zuletzt darum, wie Norwegen in zehn bis zwanzig Jahren aussehen soll.« Ich dachte immer, solche Reden gäbe es nur in Amerika: Yes, we can! Vielleicht hat dieser Aufbruchs- und Pioniergeist ja in beiden Fällen auch etwas mit der ständigen Verschiebung von Grenzen zu tun. Oder mit der Vorstellung, ein Leben an der Last Frontier zu führen, ob diese Grenze zwischen uns und dem unwirtlichen Nichts nun im Westen lag oder im Norden liegt.

In Havøysund begann es zu dämmern. Ich suchte den Weg, der hinter den Häusern den Berg hinaufführt. Eine letzte Verabredung. Sie führte in eine Mondlandschaft aus Fels und Schnee und zu einem Restaurant, das seine Entstehung ebenfalls der Erschließung des Nordens verdankte. Das Ding hieß *Arctic View*. Wie die Kommandozentrale eines Raumflughafens kauerte es am äußersten Ende der Klippen, ein eleganter kleiner Betonkasten, kaum groß genug für eine Abendgesellschaft – dafür jedoch mit Panoramafenstern, die in Richtung Nordkap oder zumindest Nordosten blickten. Der kalte Dunst, der aufzog, nahm dem Tag den letzten Rest Wirklichkeit. Dazu dieses Surren, Schwirren, Rauschen. Die Zukunft war offenbar ein Fels, ein Bunker, eine Windkraftanlage mit sechzehn Turbinen. Und drum herum das Nordmeer. »Das Gas. Öl. Der Fisch«, Jonh Aase, der Bürgermeister der Kommune Måsøy, war in Feierlaune, als ich ihn einige Monate später sprach. Die ganze Finnmark war in Festlaune. Die russisch-norwegische Seegrenze! Fantastisch! »Für uns ist das alles sehr wichtig. Wissen Sie, dass manche Wissenschaftler sogar so viel Fisch da draußen vermuten, dass die Quoten erhöht werden könnten? Wir zählen doch zu den letzten Ortschaften hier oben, in denen es noch Fischerei gibt.«

Zwei Fischfabriken gab es in der Kommune. Eine von ihnen war die von Stabell, spezialisiert auf die Filet-Produktion. Die andere produzierte Trockenfisch für den spanischen und portugiesischen Markt. Das war viel für einen 1200-Seelen-Ort, der bis zum Brückenbau 1988 nur per Schiff erreicht werden konnte. »Fisch, Fisch, Fisch, Fisch«, sagte Aase. Fisch war das Wichtigste. Fisch blieb weiter das Wichtigste, auch wenn sich die Jungen kaum noch vorstellen können, in den Fabriken am Fließband zu stehen; diese Arbeit machten jetzt die Saisonarbeiter, die Polen, Esten, Russen und Portugiesen (während der Staat händeringend versuchte, andere Unternehmer und junge Leute in den Norden zu locken: über Steuer- und Abgabenerleichterungen und einen Teilverzicht auf die Gelder, die er dem Nachwuchs als Studienkredit zur Verfügung gestellt hatte). Der Fisch ernährte diejenigen, die nicht für die Kommune arbeiteten. Er würde auch die Zukunft garantieren, entweder vom Meer her – oder von der Straße. »Der Fisch bringt uns nun auch noch den Tourismus«, Aase klang so, als halte er das Tempo für ein wenig überstürzt. »Erst neulich kaufte ein Unternehmen aus Deutschland zwei Häuser, für Angeltouristen.« In den Werbebroschüren hieß es: »Havøya befindet sich direkt am Rande der Barentssee, die über einen gigantischen Fischreichtum verfügt […] ein Revier vom Feinsten.« Supermarkt und EC-Automat, Post und Tankstelle, ein bei den »Einheimischen« sehr beliebter Pub mit Fußball-Leinwand. Alles da.

Auch die Windmühlen waren gut. Aase wirkte zufrieden, dass ich darauf zu sprechen kam. Er zählte zu denen, die den Windpark nach der Jahrtausendwende angeschoben hatten und schien noch immer nicht fassen zu können, dass die Anlagen tatsächlich kamen. Auch für die Kommune war der Park eben ein Prestigeprojekt, nicht nur für die deutsch-dänische Firma Nordex, von der die Technik stammte, für Hydro Energie (heute Statoil), für Nuon aus den Niederlanden und für das Kronprinzenpaar, das sich 2004 vor den Masten des nördlichsten Windparks der Welt fotografieren ließ. Der Deal, auf den sich die Kommune einließ, klang zunächst merkwürdig: Die erzeugte Energie, der Jahresverbrauch für fünf- oder sechstausend Haushalte, wurde ins Ausland verkauft, nicht im Norden verbraucht. Im Gegenzug gab es einige Monate Abwechslung durch die Bauarbeiten, neuen Asphaltbelag für die Straßen, etwas Geld. »Und das kleine Haus auf den Felsen«. Aase meinte *Arctic View*, die von den Windkraftgeldern finanzierte Science-Fiction-Kulisse im Nebel. Ich hegte den Verdacht, dass es Havøysund nicht anders gehen würde als der Kommune Nordkapp, die kaum von ihrem legendären Felsen profitierte. Von den 4,16 Millionen Euro Einnahmen im Jahr, die über den Ticketverkauf bei einer schwedisch-norwegischen Hotelkette eingingen, hatte sie unlängst nur knapp 41.600 Euro bekommen. War das fair? »Das Steuersystem wird demnächst geändert, so dass wir endlich stärker profitieren«, sagte der Bürgermeister, »und dann wollen wir auch einen weiteren Park bauen, im Westen von Snefjord. Der wird größer, der könnte schon Energie liefern, während andere Gegenden in der Finnmark erst noch mit Kabeln und dergleichen versorgt werden müssen.«

Das beruhigte und beunruhigte mich. Denn ich hatte Zeitung gelesen. In den Planspielen der Windkraftindustrie nahm der Norden zunehmend einen wichtigen Platz ein, obwohl die Sami um die Ruhe und die Freiflächen für ihre Rentierherden bangten. In Nordschweden, bei Piteå, nahm man gar einen 450 Quadratkilometer großen Park in Angriff – mit bis zu 1100 Windturbinen. All dies wäre nicht nur die logische Ergänzung der Wind- und Wasserkraftnetzwerke, die vom Norden her die Arbeit der neuen Windkraftparks in der Nordsee absichern könnten. Es wäre auch eine Szenerie wie aus Samuel Yods legendärer Science-Fiction-Serie *Die dreibeinigen Herrscher*.

Die Kälte kam. Ich schlug den Kragen hoch. Der Wind rauschte. Die Windmühlen rauschten. Das Meer rauschte, unten vor dem Fels. Ich sah die Lichter eines Kleinbusses im Nebel. Ein Koch stieg aus, ein Kellner, und beide verschwanden in dem Gebäude. *Arctic View.* Durch die Seitenfenster sah ich, wie sie ein Buffet vorbereiteten. Sie schoben einige Flaschen Wein über die Tische, saubere Gläser, Platten mit Fisch. Und sie hoben das Opfer heraus, eine riesenhafte Krabbe, die zum Höhepunkt des kommenden Dinners werden sollte. War sie einen halben Meter groß? Oder noch länger? Ich war froh, von dem Tier durch eine Glasscheibe getrennt zu sein. Die Dinger waren eine Erfindung Stalins und Chrustschows, hieß es, ein gut gemeintes Konjunkturpaket für die Fischer von Murmansk. Auf Anordnung von ganz oben sollen russische Forscher in den Sechzigern die ersten Königskrabben vom Nordpazifik in die Barentssee geschleppt haben. Die Krabben vermehrten sich rasant, sie brachten Tod und Vernichtung und griffen am Meeresboden ständig weiter nach

Westen (und Norden). Nicht nur in Norwegen löste das eine veritable Panik aus. Die »Monsterkrabben« erschienen wie eine letzte, auf späte Rache programmierte Spezialeinheit der Nordmeerflotte.

Sie fraßen, was ihnen in den Weg kam, zerstörten die Netze der Fischer und bereiteten Ökologen schlaflose Nächte. Aber sie hatten auch ihr Gutes. In Kirkenes gab es Taucher, die mit Touristen ins Eiswasser aufbrachen und Krabben aus der Tiefe pflückten. In einer Reihe kleiner Orte, in Bugdøynes am Varangerfjord oder in Berlevåg, gingen Fischer zudem bald auf Jagd, um mit reicher Beute zurückzukommen. »Wenn Ihr Euch vor den Dingern fürchtet«, sagten sie, »müsst Ihr die Quoten endlich erhöhen, um sie zurückzudrängen.« Selbst ein Markt für diese Krabben war da. Er mochte in Europa liegen, in Japan, in Amerika. Aber es brauchte einen Lastwagen, der regelmäßig nach Süden aufbrach, um die Packungen mit dem weichen Fleisch an den Mann zu bringen. Und etwas Mut auf See.

Mir reichte die Aussicht. Ich blieb auf dem Fels. Ich suchte die Insel Ingøya, wo sie zur Jahrtausendwende einen 362 Meter hohen Radiomast bauten – für die Fischer und Forscher, 1400 Kilometer draußen auf See. Der Wind blies, dass ich fast fliegen zu können glaubte.

NORDPOLDÄMMERUNG

Im Nichts – 90 Grad Nord – Ultima Thule

Am Nachmittag, die Eiswelt im Nordosten Grönlands malte grauweiße Tischdeckenfalten vor das Fenster, schoben sie ihre Wagen durch den schmalen Gang und teilten die Zertifikate aus. Die alphabetische Reihenfolge war durcheinander geraten. Die Stewardessen waren von der Ungeduld der Gäste wohl ein wenig genervt, und die Kollegen hatten Mühe, die leeren Sektflaschen wieder zügig einzusammeln, zu verstauen, neue zu besorgen. Trotzdem ging am Ende alles gut: Jeder einzelne in diesem Airbus erhielt die persönliche Quittung, jeder einzelne dieser 400 nahm die schlichten Farbkopien in einer stoisch herausfordernden Haltung entgegen, als wolle man sagen: So, sind wir also auch am Nordpol gewesen.

Kapitän Josef Moser gab darauf Schub. Genug gestaunt. Genug fotografiert. Deutschland als Tiefebene, Dänemark als Sandbank, Norwegens Wohlstand unter Wolken, Spitzbergen dann im Tiefflug, und nach dichten weißen Eisfeldern unter dem Rumpf – der Nordpol! Das musste reichen. Für Amundsen und Byrd bedeutete es in den zwanziger Jahren noch einen technischen Triumph, den Schnittpunkt der Meridiane per Flugzeug überqueren zu können. Dieser Flieger aber war ein Ferienflieger. Für eine Handvoll Euro flog er von Deutschland aus eine 11.000 Kilometer lange Schleife um die polare Welt, den Nordpol wie nebenbei passierend, und ginge es nach den drei jungen Männern, die als »Deutsche Polarflug« die LTU zu diesem Rundflug überredeten – ein Steward, ein Reisefachmann, ein Mitarbeiter des Deutschen

Zentrums für Luft und Raumfahrt – würde dieses Unternehmen lediglich ein Anfang sein, der Auftakt zum letzten großen dramatischen Akt: der Erschließung des Nordpols im Komfortsessel.

Anfang 2007, wenige Monate nach einer Reportagetour nach Grönland, druckte die *Frankfurter Allgemeine* ein Gespräch, das mich an einem nassen und trostlosen deutschen Winterabend mit der Bahn in ein Provinzstädtchen östlich von Nirgendwo geführt hatte. Arved Fuchs, der Polarforscher, bereitete sich in einem Gemeindehaus auf einen Vortrag vor. Seine Leute spannten Leinwände auf. Sie rückten Stühle, postierten Projektoren. Und durch die Lautsprecher pfiff der Wind, eiskalt und in einer endlosen Audio-Schleife, als sei Fuchs auf Kälteentzug. Fuchs war besorgt und zog mich in ein Nebenzimmer. Die Arktis kannte er wie kein anderer. Seit drei Jahrzehnten zog es ihn in den Norden. Sein Lebenslauf war eine einzige Auflistung waghalsiger Touren, zu Fuß, per Faltboot, per Kajak, per Schiff. Überall gab es bei ihm diese Geschichten, die von Eisbären handelten, von Inuit, vom Nordpol, vom Scheitern und Durchkämpfen im Eis. Er war der Nordpol in Person, und nun, an diesem Winterabend in der deutschen Provinz, sprach er mit mir vor allem über die klimatischen Veränderungen, die ihm in den letzten Jahren aufgefallen waren. Der Satz, der mich am meisten beeindruckte, war eine vorweggenommene Verlustmeldung: »Auch unsere Vorstellung vom ›Norden‹ wird sich grundlegend verändern«, sagte Fuchs. »Der Mythos wird sich verlieren. In der Nordwestpassage soll ein Tiefwasserhafen für Tanker gebaut werden. Es gibt konkrete Pläne von Reedereien, Routen über den Nordpol zu erschließen. Der Nordpol, den früher kaum einer erreichen konnte, wird zu einer Banalität.«

Das war im Februar 2007, ein halbes Jahr, bevor das Foto eines Briten in Badehose um die Welt ging, der einen Kopfsprung in das Wasser am Nordpol machte. Ein halbes Jahr, bevor die Medien ein russisches Fähnchen am Meeresgrund entdeckten. Und nur drei Monate, bevor ich im Morgengrauen zum Düsseldorfer Flughafen fuhr. Ich machte am Terminal ein Foto. Fast lakonisch reihten die Monitore dort Flug »LT 9999« mit dem Ziel »Nordpol« in die Liste der Linienflüge nach Zürich, Stuttgart und Amsterdam ein. Am Gate tranken sie Sekt. Ein Flughafenmitarbeiter ging als Eisbär spazieren. Kamerateams schwärmten aus. Junge Männer rührten die Werbetrommel für einen Wiederholungsflug im September. Ältere legten sich Schreibblöcke zurecht, um sich fortlaufend Notizen für die Nachbearbeitung im »Microsoft Flight Simulator« zu machen. Und einige Frauen und Männer, die über reichhaltige Nord- oder Südpol-Erfahrung zu verfügen schienen, teilten ihr Wissen so unaufhaltsam den künftigen Sitznachbarn mit, dass man sich zu fragen begann, ob dies die Reise wert war. So war das nun einmal, im Pauschalreiseverkehr. So war es erst recht im Flieger. Ein Herr in der Business-Class hatte historische Polarmeerkarten dabei, als wir von Düsseldorf nach Norden flogen. Ein Philatelist trug Postkarten für den Sonderstempel spazieren. Ein Pärchen mit Fensterplätzen postierte zwei Kuschel-Elche und einen Kompass, kaum dass Spitzbergen in Sicht war. Und dann gab es noch jene, die von einem Event zum nächsten hechteten, Wüstensturm, Sonnenfinsternis, Eisbrecher, alles schon gehabt und fotografiert.

Ich lenkte mich damit ab, die signifikant zunehmende Körperfülle beim Übergang von der zweiten zur ersten Klasse zu beobachten: War es eigentlich nicht so, dass der Wohlstand die Leute schlank und die Armut dick machte? Es war klar, dass dieser Flug nur die gesteigerte Variante eines Fluges nach Iqaluit sein würde, von dem John Dyson 1981 in seinem Buch »Heiße Arktis« berichtet hatte (»Of course the title would be quite wrong these days«, mailte Dyson mir einmal, »because it suggests climate change which at that time was not on the agenda. […] people have very short memories. […] ice is always breaking up.«) Noch in diesem Jahrhundert, schrieb er damals, werde sich das Weltinteresse auf eine scheinbar weit ab im Norden gelegene Region richten, die Arktis. Die touristische Vorhut jedenfalls war schon unterwegs: »Die Touristen«, schrieb Dyson, »bezahlten 199 Dollar pro Person für das spannende Abenteuer, über den Polarkreis hinaus nach Norden zu fliegen und ein paar Stunden im »Land der Mitternachtssonne« zu verbringen. Die Tatsache, dass die Maschine nur wenige Meilen über den Polarkreis hinausflog, ehe sie kehrtmachte und in Frobisher Bay [Iqaluit] landete, das genau genommen nur ein Mitternachtszwielicht aufweist, schien den sechzehn Flügen für je 113 Personen, die sich im Hochsommer von Montreal und Toronto aus dieses Vergnügen gönnten, nicht den Spaß zu verderben. Auch schienen sie nicht sonderlich enttäuscht, dass der Ort wie ausgestorben wirkte, denn immerhin landete man ja mitten in der Nacht dort. Die Kunsthandwerksläden machten genau so auf wie der Co-op im Flughafen und verkauften pro Flugzeug durchschnittlich für dreitausend Dollar Schnitzereien und Nippessachen. Mit Bussen machten die Fluggäste eine Rundfahrt [...] Dann kletterten sie wieder an Bord und traten den Rückflug an, auf dem sie ein besonderes Arktis-Dinner mit Saibling und Champagner serviert bekamen. [...] Da die Post geschlossen war, legten die Touristen ihre Postkarten in einen Korb, damit sie später aufgegeben wurden, und da war die Versuchung für mich zu groß, nicht doch einen Blick auf das zu werfen, was sie geschrieben hatten: »Herzliche Grüße vom Nordpol [...] Es lag noch nicht einmal Schnee.«

Dennoch geschah auf dem ersten Rundflug zum Nordpol im Mai 2007 Unerwartetes: Gegen Mittag, um 14.45 Uhr deutscher Zeit, bestand die grafische Markierung auf den Bordbildschirme darauf, dass der Nordpol nah sein musste. Die Aufregung war groß. Überall im Flieger zückte man Schnappschuss-Kameras, versuchte sich gar bei 90 Grad nördlicher Breite an einem Countdown. Hinter den kleinen, runden Fensterscheiben aber klaffte, seit die Bergzipfel Spitzbergens unter dem Airbus weggezogen waren, nur weißes Nichts. Nicht einmal das russische Polarcamp Borneo, das der Pilot eigentlich zeigen wollte, war zu sehen; es hatte des schlechten Eises wegen seine Zelte womöglich früher abgebrochen als erwartet. Und so geschah ein kleines Wunder: Genau in dem Augenblick, in dem das Flugzeug den Nordpol tatsächlich erreichte, schauten die wenigsten Passagiere aus dem Fenster. Ihre Aufmerksamkeit galt den Displays über den Sitzen – schon der Fotoapparate wegen, die ein Beweismotiv für die Ankunft am Nordpol haben mussten. Wie von Zauberhand wandten sie sich vom eigentlichen Ziel ihrer Reise ab, als seien sie im letzten Moment doch noch darauf gekommen, sich selbst und den ganz persönlichen Traum vom Nordpol schützen zu müssen.

Ich jubelte noch, als das Bordpersonal den Champagner und das Abendessen auf die Rollwagen schob: Isländischer Kabeljau an Gemüsefettuccini oder Hirschkalbsbraten. Nordostgrönland im Tiefflug. Vielleicht hatte Arved Fuchs sich ja doch geirrt, was den Mythos betraf?

Richtig ist: Der Mythos vom unberührten, geschichtslosen Norden wird sicherlich verblassen, je zugänglicher der Norden der Welt für uns und die Handelsschiffe wird, je stärker sich das Klima verändert, je sichtbarer die Industrie hier und dort zutage tritt. Er wird aber nicht verschwinden, sondern sich verwandeln, so dass die Technik, das Vorrücken der Industrie gen Norden und die mit ihr verbundenen Pionierleistungen, die Verschiebung der *last frontier*, wieder eine größere Rolle spielen können. Und es wird die Sehnsucht nach Geschichten geben, den Versuch, alte Bilder und Vorstellungen hartnäckig zu verteidigen. Fuchs weiß das. Sonst hätte die Expedition »Nordpoldämmerung«, die ihn und sein Team 2009 ins Eis zwischen Kanada und Nordwestgrönland führte, kaum die Überreste eines 1935 ums Leben gekommenen Forschers zum Ziel gehabt. »Der fortschreitende Klimawandel«, schrieb er im Logbuch dieser Reise, »macht es möglich, in der heutigen Zeit Regionen zu erreichen, die noch vor Jahren wegen des Packeises weitestgehend unzugänglich waren.«

Was wird die Zukunft für den Norden bringen? Ob Grönland von der Jagd nach Rohstoffen im Eis wirklich profitieren wird, hängt stark von der Cleverness der Verwaltung in Nuuk ab, vom Beistand aus dem Ausland, auch vom Erfolg der Bildungs- und Ausbildungspolitik und einer kritischen Öffentlichkeit, die beide im Schach halten muss: nüchtern kalkulierende Unternehmer und berauschte Nationalisten gleichermaßen.

Für Nordnorwegen, den Norden eines hoch entwickelten Landes, sieht die Lage etwas anders aus, aber auch hier gilt, was in Grönland gilt: Ohne aufmerksame Lokalpolitiker, ohne eine Bildungs-, Ausbildungs- und Wirtschaftspolitik, mit der die eigene Jugend und der eigene Standort für den erhofften Strukturwandel fit gemacht werden, bleibt der große Aufbruch aus oder eine Sache der anderen. Den Rest werden die Rahmenbedingungen diktieren.

Das norwegische Energieunternehmen Statoil beauftragte Wissenschaftler der Universität und des Kola Science Center in Tromsø sowie des Northern Research Institute in Alta, eine Zukunftsstudie für den Norden zu entwickeln. Die Wissenschaftler legten daraufhin »Petrodevelopment 2030« vor: den in drei Szenarien aufgeteilten Versuch einer Prognose.

Ein Szenario heißt »The Marginalized Region«. Zwar wird es bis 2030 in der Barentssee den erhofften Aufbruch in die neue Öl- und Gaswelt geben. Der Aufbruch wird aber nur wenig Spuren in Nordnorwegen und Nordwestrussland hinterlassen. Von den hohen, Anfang des Jahrtausends gehegten Erwartungen wird nichts mehr vorhanden sein. Die

Bevölkerung wird deutlich abnehmen, sie ist überaltert, leidet unter einem unterdurchschnittlichen Wirtschaftswachstum, und obwohl sich das Verhältnis zu Russland entspannt, obwohl auch die Rohstoffe ausgebeutet werden und der Rohstoffhunger der Welt unersättlich ist, kommt dies der Region in ihrem Ganzen nicht zu Gute. »Dies ist keine dynamische Region«, heißt es in diesem Szenario: »Der Hohe Norden wird mit Abgeschiedenheit und primitiver Männlichkeit verbunden. Die Frauen verlassen ihn, verschärfen damit die Bevölkerungslage weiter.« Russland wird zudem die Möglichkeit nutzen, zu alter Größe und Macht zurückzukehren, so dass sich auch in diesem Punkt die hehren Worte des Jahrtausendbeginns als politische Rhetorik erweisen.

Ein weiteres Szenario nennt sich »The Shifting Balance«. Im Jahr 2030, prognostiziert es, wird der »Hohe Norden« erhebliche Öl- und Gasaktivitäten erleben – allerdings nur innerhalb des russischen Sektors. Norwegische Firmen sind an diesen Aktivitäten nicht nennenswert beteiligt, norwegischen Arbeitern bleibt der russische Markt schon aufgrund von Sprachbarrieren und Arbeitsbedingungen versperrt, einen Austausch zwischen Norwegen und Russland gibt es allenfalls im Tourismus und kleinen Grenzverkehr: »Die Hauptindustrie in der Region Finnmarken wird mit Fischerei, Aquakultur und Tourismus zusammenhängen. Dennoch wird die Region stark von Transferzahlungen aus Oslo abhängen.« Sie wird sich weiter entvölkern, vom Neid auf das Wirtschaftswachstum auf russischer Seite geprägt, von dem Gefühl durchzogen, nach und nach in ein riesiges »Naturmuseum« verwandelt zu werden – eine Entwicklung, die gerade auch von den

Naturschutzprojekten und unerfüllten Kompensations-Ansprüchen der Sami vorangetrieben wird. Kurz und gut: Die Zeiten der Euphorie zwischen 2005 und 2010, in denen der Hohe Norden als das gelobte Land galt, sind vorbei.

Das verheißungsvollste Szenario heißt aber »The Frontier«. Für das Jahr 2030 sagt dieses Szenario dem Norden des Nordens blühende Landschaften voraus. Dieser Wohlstand wird ein Ergebnis schnellen, wirtschaftlichen Wachstums sein. Der Optimismus ist allgegenwärtig, erst recht in Städten am Ende der Pipelines wie Hammerfest, Harstad und Kirkenes. Die Bevölkerungszahl liegt etwas höher als 2005. Die Menschen arbeiten entschieden dafür, ihre Zukunft in der Region verbringen zu können. Und bedeutende Uneinigkeiten zwischen Norwegen und Russland sind verschwunden, statt dessen überspannt ein dichtes soziales und kulturelles Netzwerk die Grenze. Der »Hohe Norden« gilt als Symbol für einen erfolgreichen und verantwortungsbewussten Umgang mit seinen Ressourcen: »Die internationale Nachfrage nach Energie wächst weiter [...] Der Energiemarkt hebt wirklich ab.« Ein Zukunftsland.

Die Menschen im Norden, die groß denken und Pläne schmieden, sind nicht naiv. Sie wissen, was auf dem Spiel steht. Sie werden ständig mit den Mahnern und Zweiflern konfrontiert. Mit dem Stillstand. Doch wenn man es zulässt, dass einen die Zukunftsangst beherrscht, muss man gar nicht erst aufbrechen.

The Frontier. Das ist ihr Norden. Das ist Europas Norden. Den Rest wird die Zukunft bringen. Endlich.

IM GEPÄCK

Karl Baedeker, Schweden und Norwegen nebst den Reiserouten durch Dänemark und Ausflügen nach Island und Spitzbergen, Leipzig 1914.

Eivind Berggrav, Land der Spannungen, Hamburg 1937.

Thomas Brunnsteiner, Bis ans Eismeer, Klagenfurt 2007.

Ernst Didring, Der Krater, Braunschweig 1924.

John Dyson, Heiße Arktis, Wien 1981.

Hans Magnus Enzensberger, Ach Europa! Wahrnehmungen aus sieben Ländern mit einem Epilog aus dem Jahre 2006, Frankfurt 1987.

Walter Georgi, Deutsch-Nordisches Jahrbuch für Kulturaustausch und Volkskunde, Jena 1914

Knut Hamsun, Segen der Erde, München 1989

Ernst Herrmann, Das Nordpolarmeer – das Mittelmeer von morgen, Berlin 1949.

August Hoppe, Nördliche Utopia. Menschen, Landschaften, Hintergründe in Norwegen, Stuttgart 1948.

Peter Høegh, Fräulein Smillas Gespür für Schnee, Reinbek 1992.

Knut Erik Jensen, Cool & Crazy, 2001 (Film)

Matti Lainema, Juha Nurminen, Die Entdeckung der Arktis, Stuttgart 2010.

Erlend Loe, Doppler, Köln 2007.

Manfred Klinkhardt, Kabeljau aus norwegischer Aquakultur, Hamburg 2009.

Andri Snær Magnason, Dreamland, 2009 (Film)

Olaus Magnus, Die Wunder des Nordens. Hrsg. von Elena Balzamo und Reinhard Kaiser, Frankfurt 2006.

Fridtjof Nansen, In Nacht und Eis. Die norwegische Polar-
expedition 1893–1896, Leipzig 1897.

Fridtjof Nansen, Freiluftleben, Brockhaus 1920.

Ludvig Nordström, Lort-Sverige, Stockholm 1938.

Charles Officer/Jake Page, Die Entdeckung der Arktis, Berlin
2002.

Vitalis Pantenburg, Russlands Griff um Nordeuropa, Leipzig
1938.

Vitalis Pantenburg, Arktis. Erdteil der Zukunft, Düsseldorf
1949.

Gueorgui Pinkhassov, Nordmeer, Hamburg 2006.

Hans Richter, Mein Norwegenbuch, Stuttgart 1925.

Carl Schöyen, Der Lofot, Jena 1924.

Christoph Seidler, Arktisches Monopoly. Der Kampf um die
Rohstoffe in der Polar-Region, Stuttgart 2009.

Erik Skjoldjærg, Insomnia, 1997 (Film)

DANKSAGUNGEN

Sehr herzlich danke ich den vielen Menschen und Institutionen, die mir bei meinen Recherchen geduldig Auskunft gaben und auch bei der Nachbereitung der Reisen noch für ausführliche Gespräche zur Verfügung standen. Nicht alle von ihnen konnten im Text namentlich genannt werden. Danken möchte ich vor allem Lars und Ragnhild Andreassen in Fauske, die kaum wissen dürften, dass sie als liebevolle Gasteltern während des Lions-Jugendcamps »Adventures at the arctic circle« 1994 für dieses, anderthalb Jahrzehnte später entstandene Buch mitverantwortlich sind. Ich danke dem Fotografen Henry Fair für einen Rundflug und gute Gespräche zum Thema »Industrial Scars«, Laura und Helene, die mich an den Süden erinnerten. Und ich danke Glenn Gould für die Radio-Collage »The Idea of the North« aus dem Jahr 1967, die mir bei einem Zwischenstopp in Tromsø das Warten auf den nächsten Flieger verkürzte. Einige Textfragmente des Buches entstanden im Zuge von Reportagereisen, die ich im Auftrag des Wirtschaftsmagazins *brand eins* und der *Frankfurter Allgemeinen Zeitung* unternahm. Das IJP-Stipendium Nordeuropa, freundliche Einladungen von Hurtigruten, der Norwegian Seafood Export Council und vor allem mein Verlag Scoventa haben einige Abschnitte meiner Reise unterstützt. Inhaltlich haben die Organisationen, die meine Flüge und Schiffspassagen finanzierten, nicht auf das Buch Einfluss genommen.

REISESTATIONEN

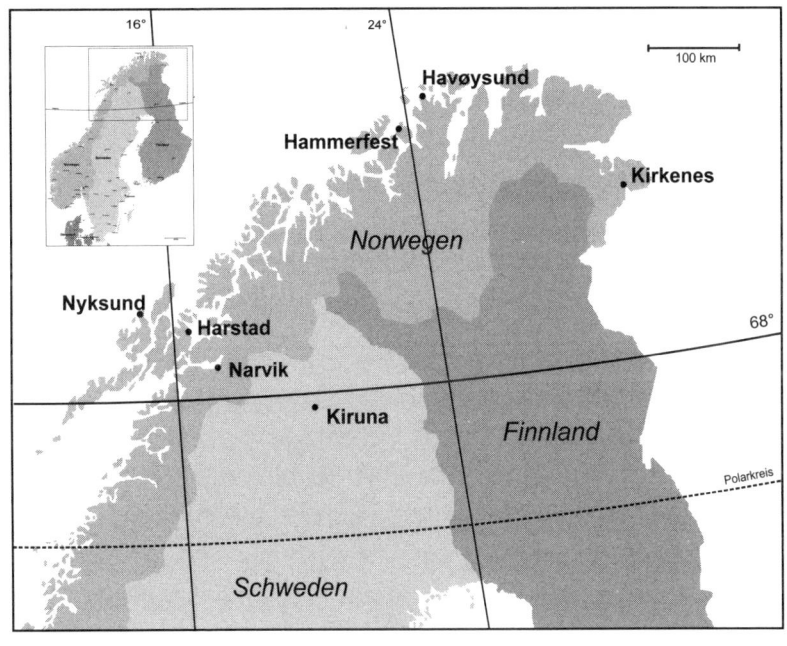

Eine interaktive Karte mit weiteren Informationen finden Sie auf www.scoventa.de.